أهذا رأيي أيش رأيكم

أمل اللنجاوي

دار جامعة حمد بن خليفة للنشر
HAMAD BIN KHALIFA UNIVERSITY PRESS

دار جامعة حمد بن خليفة للنشر
صندوق بريد 5825
الدوحة، دولة قطر

www.hbkupress.com

الطبعة العربية الأولى عام 2021

الترقيم الدولي: 9789927155147

تمت الطباعة في الدوحة-قطر.

مكتبة قطر الوطنية بيانات الفهرسة – أثناء – النشر (فان)

اللنجاوي، أمل، مؤلف.

هذا رأيي إيش رأيكم؟ / أمل اللنجاوي. الطبعة العربية الأولى. – الدوحة : دار جامعة حمد بن خليفة للنشر، 2021.

صفحة ؛ سم

تدمك: 978-992-715-514-7

1. اللنجاوي، أمل -- الرحلات. 2. الأدب العربي -- المجموعات. 3. النصوص الأدبية. أ. العنوان.

PJ7944.I553 H334 2021

892.7– dc23

202128272043

إهـداء

إلى أخوات ولدتهنّ رحم الأيام وتقلبات الزمان.

إلى من بقين إلى جواري في مدّ الحياة وجزرها.

إلى الأميرات الدانيات لفؤادي، يأتين بصفاء الود وعطر الياسمين.

إلى صديقاتي

شكرا لوجودكنّ في حياتي.

أحبكنّ في الله

وهلّ هلاله من جديد

ونحن نبارك لبعضنا حلول شهر رمضان صار أمرًا طبيعيًّا سماع جملة "يااااه چنه رمضان اللي طاف كان أمس".

وإذا رزقنا الله تمامه وهلّ هلال العيد أيضًا سيُقال: "ركض الشهر ولا حسّينا فيه".

هل فعلًا لم نحسّ بقدوم الشهر وبمروره؟

هذه الجملة تعني سنة! تعني اثني عشر شهرًا، تعني ثلاثمئة وخمسة وستين يومًا!

الحمد لله هلّ هلاله.

ودخل إلى حياتنا أناس جُدد.

وفي المقابل خرج من حياتنا أحباب.

"وناس ظلت موجودة".

الحمد لله هلّ هلاله.

ومِن هلال إلى هلال.

الحامل وَضَعَت.

المريض شُفِي.

الطالب تخرّج.

البيت سُكِن.

المسافر عاد، هذا حال ناس.

وأيضًا هلّ هلاله على ناس.

والغالي مات!

"والصاحي مرض".

والنّصّاب "باق" سرق.

والمرتشي خان.

والحصار طوَّل!

والأهل تباعدوا.

في سنة واحدة تحدث أشياء كثيرة، "وايد خير يصير بكرم ربي، وايد شر ينصرف عنا برحمته"، وإن ظللت مكانك في هذه الحياة فهي نعمة من الله أنك لازلت بصحة وعافية.

علينـا ألا نسـتهين بالأيـام لأنهـا عمرنـا، وهـي التي سنُحاسـب عليـه يـوم لا ينفـع مـال ولا بنـون.

فلنبـدأ الشـهر الفضيـل بتدبُّـر مواقـف سـنة مرّت، نحسـب الجديـد ونحمـد الله عليـه، ونتفكّـر في كل مـا مـضى ومَـنْ مـضى، لنبـدأ رمضـان ونقيِّـم فيـه أنفسـنا عـن رمضـان الـذي مـضى ونحمـد الله "إنـه عـاده علينـا فـوق الـتراب وندعـي لمـن تحـت الـتراب"، ونسـعى بحـق لأن نكـون أفضـل مـما كنّـا عليـه.

حاسِبوا قبل أن تُحاسَبوا.

علينـا ألّا نضيّـع أحـد عـشر شـهرًا مـن رمضـان إلى رمضـان ونحـن في غفلـة! ونقـول كأنـه أمـس.

اكتبـوا أمنياتكـم في ورقـة واحمـدوا الله عـلى توفيقـه في إنجازاتكـم، وكلـما طالـت الورقـة كان أفضـل حتـى لا تغفلـوا عـن شـكر نعـم الله وتكونـوا مـن العبـاد القليـل الشـكور.

إيش رأيك؟

هل الحريات حقيقة؟

عندما تُعطى خيار أن تدرس اللغة الإنجليزية أو الفرنسية في المدرسة، هل يعني ذلك فعلاً بأن لديك حرية الاختيار؟

عندما تختلف أسعار معظم شركات الطيران التي تحلق من بلدك بشيء بسيط عن شركة الطيران الوطنية، بسبب التكاليف المطلوبة منها لاستخدام المطار، فهل يُعدّ ذلك حقًّا حرية في الاختيار بين شركات الطيران؟ أو اختلاف أسعار؟

عندما تستخدم هاتفك الجوال استخدامًا بسيطًا، وتتجنب تمامًا مقويات الشبكة، ويقوم جارك بتأجير منزله لوضع مقوي شبكة الـ5G، هل لديك حقًّا حرية الاختيار؟

عندما تقرر فتاة تغيير نظام حياتها لحياة صحية، وتمارس الرياضة في بلد كرّس يومًا للرياضة كدعم لها، لكن لا تجد من المتوفر

في النوادي النسائية إلا عددًا محدودًا من الخيارات مثل: السباحة، الأيروبيكس، اليوغا، "وهي حلمها كرة قدم نسائية!" هل حقًّا لديها حرية الاختيار؟

عندما تسألك كل مدرسة أو حضانة تحاول تسجيل أطفالك فيها عن "كرت" بطاقة التطعيم للطفل وأنت غير مقتنع بمبدأ التطعيم! فتُجبر على إعطاء طفلك تطعيمات لست مقتنعًا بها لمجرد إدخاله المدرسة، هل حقًّا تملك حرية الاختيار؟

في المرة القادمة عندما تتخذ قرارًا لتختار، اسأل نفسك هل هذه هي الخيارات الوحيدة المتاحة أم أنك تختار بين أمرين متشابهين لإرضاء غريزة الاختيار والتحكم في قراراتك، بينما الواقع يقول إنك تُساق لما رُسِم لك، بإرادتك؟

لست ضد الخيارات المحدودة والشكلية، لكن "أرجع وأقول، يكون بوعيك أفضل".

أولويات، ١/٥

في إحدى السنوات في المطار وأنا عائدة للوطن وحدي من دولة أوروبية، وعند "كاونتر" إدخال الحقائب واستلام بطاقة دخول الطائرة التقيت بعائلة أجنبية معهم ولد عمره إحدى عشرة سنة تقريبًا، سألوني عن وجهتي الأخيرة، وعندما عرفوا أنها الوجهة التي سيذهب إليها ابنهم طلبوا مني أن يقعد إلى جانبي في الرحلة، وأن أهتم بابنهم فهذه أول مرة يسافر فيها وحده. وأخبروني كذلك بأن أخته ستكون في استقباله في المطار بإذن الله.

فكرت للحظة! لماذا أرفض؟ لن يبكي، ولن يحتاج لتغيير ملابس، اللهم سيكون قاعدًا إلى جانبي، قلت لهم: "أوكي". ومنذ قعدنا في الطائرة وبدأ الولد الكلام؛ -ما شاء الله عليه- كأنه قناة ديسكفري: كلما وقعت عينه على شيء يبدأ في سرد موجز عن تاريخه وأصله

وفصله؛ في الربع ساعة التي قعدنا فيها، عرفت وجهة أول رحلة تجارية بالطائرة إلى أين كانت، اسم أول مضيفة طيران، عدد عجلات الطائرة.

وأثناء حديثه والطائرة تسير على المدرج متجهة للسماء بدأت أشم رائحة شيء يحترق، وبسرعة "بشّرني" الولد -لأنه كان عند النافذة- وهو يقول: "أبلة أمل، الطائرة تحترق، أتوقّع أنه علينا النزول زحلقة قبل أن يتأخر الوقت!" وعندما نظرت من النافذة شاهدت النيران مشتعلة في عجلات الطائرة الخلفية، لم أعرف كيف أُهدِّئ نفسي وأُطمئن الولد بأن النيران ستُطفأ!

المفاجأة أنه كان هادئًا ومطمئنًّا، بل وأخبرني بأنه بحسب سرعة قيادة الطائرة واشتعال الحريق في أكثر من عجلة لن يكون بالإمكان إطفاء النيران، وقال لي: "خلينا نقوم!"

كان الولد يناقشني بهدوء وفي الطرف الثاني شاهدت المضيفات يندفعن جيئة وذهابًا

والمسافرون قد فقدوا أعصابهم يصرخون عليهن، بعد دقائق معدودة فُتحت أبواب الطائرة ونُفِخت الزحلاقيات وطُلب من المسافرين الهبوط بدون أحذية! "هي بهدلة وهي قلة كشخة!"

حينها رأيت الأولويات بعيني، رأيت كيف تُلقي الأمهات أطفالهن من الطائرة دون أن يعرفن من سيتلقاهم. رأيت سيدة تركض إلى قسم الدرجة الأولى وهي تصرخ: "أمي مقعدة! أمي! أمي!"

شاهدت عروسين أمسكا أيديهما وقفزا ضاحكين.

نبّهني صوت الولد الذي كان بجانبي يقول لي: "أبلة"، ارجعي لأخذ جواز سفرك فهو أهمّ من حقيبة يدك ليتعرّفوا عليك!"

سبحان الله مَنْ كنت خائفة أن يكون حِمْلاً عليّ صار هو الذي يرعاني، وتزحلقنا، و"تشمّخنا". خُدشنا على إسفلت المطار، ونهضنا وكتب الله

لنا عمرًا. واستقبلتنا طوارئ المطار والصحافة التي جاءت في لحظة.

يا ترى لو كنتم في الطائرة؟ "إيش بتكون أولوياتكم؟" الطائرة عالم مصغّر للحياة، يمكن أن يحدث كل شيء في لحظة ويقلب الموازين، هل ميزاننا الداخلي ثابت لا تهزّه أيّ اضطرابات خارجية؟

هل مبادئنا راسخة لا تغيّرها الظروف؟ وإلا في أيّ لحظة شدّة كل له طبعه وتتغيّر ردة فعله؟ هل أولوياتنا حقيقية؟ نعود لاختيارها وقت الشدة ووقت الرخاء؟ أو أننا نختار أولوياتنا حسب النظرة الاجتماعية و"البريستيج"؟ وبما أن التفكّر كان من أول العبادات التي عُرف بها رسولنا الكريم في غار حراء حتى قبل نزول الوحي عليه بالإسلام، أرجو أن نمارس هذه العبادة المنسيّة ونتفكّر في أوضاعنا ونتدبّر نعم الله علينا ونضع الأمور بميزانها الحقيقي ونعيد مراجعه أولوياتنا.

التخطيط شيء والواقع شيء آخر، ٢/٥

على مدرج الطائرة أكوام بشرية تزحلقت وراء بعضها كخروج اضطراري من الطائرة، بعدما تزحلقت، حذفت أمّ ابنتها ورائي لتقع على ظهري، وعندما كنت أتمغّط وأحاول استيعاب ما جرى رأيت أحد الركاب متزحلقًا قادمًا نحوي فنهضت بسرعة البرق، وركضت لأترك له مساحة للهبوط، وأحمي عظامي.

لم يلتفت أحد منا من الركاب وراءه بعدما وقف على قدميه وتسلّخ من الإسفلت!

أخذ كل واحد منّا يركض للأمام بأقصى سرعة!

هل هو خوف من انفجار الطائرة؟ هل هو اندفاع لحياة جديدة؟ الله أعلم! المهم، كلنا ركضنا، وعلت في ساحة المدرج أصوات سيارات المطافئ والإسعاف والتلفزيون وازداد الضجيج

حولنا من كل جهة، الكلّ يطمئن على الكلّ دون أن يعرفه وحتى دون أن يتكلم لغته! هذا الشعور أشعرني أن الإنسانية واحدة.

بمكالمة هاتفية وبسرعة البرق، جاء أهل الولد الأمانة الذي كان معي لأخذه، وظلّ باقي المسافرين في المطار منتظرين أيّ تعليمات أو إجراءات من شركة الطيران التي حجزوا عليها. لكن، "لا حسّ ولا خبر".

ركبنا في حافلة فندق المطار وأعطونا غرفًا وطلبوا منا أن ننام إلى أن يتواصلوا معنا! وقتها أحسست بمعنى الضياع، عندما لا يكون لديك أيّ معلومة عن "إيش اللي بيصير بعدين أو إنت وين بالضبط؟ أو حتى لو في شخص تكلمه يفهمك شي!"

هنا يبرز موضوع تنفيذ المخطط على أرض الواقع، من المؤكّد أن شركة الطيران المحترمة لديها خطط لجميع أنواع الطوارئ المحتملة، والحمد لله على الرغم من أنه ليست هناك

أيّ خسائر بشرية سوى امرأة حامل فقدت جنينها أثناء الهبوط -عوّضها الله خيراً-، لم تقع أيّ كارثة إنسانية، فيبدو أنه لم يكن هناك أيّ استعداد لدى شركة الطيران، سواء بتنفيذ خطة بديلة جاهزة، أو حتى إعلان "إيش اللي بيصير"، أو الاطمئنان من باب الذوق على المسافرين! فعلاً نقلنا إلى الفندق، لكن هذا يُعَدّ صرفًا ماديًّا، أين الصرف المعنوي؟ أين محاولات استرجاع الثقة والاطمئنان؟ لدرجة أن من اصطحبنا إلى الفندق كان طاقم المطار، لا أحد من شركة الطيران.

هنا يظهر أن كل التخطيطات تبوء بالفشل أو حتى أنها حبر على ورق فقط، وتكون لإظهار الشركات بمظهر مِهنيّ جيّد لأمور تسويقية، إذا ما كانت الخطة قابلة للتنفيذ في وقتها.

لكن، يبقى حسن التصرف والحسّ بالمسؤولية وسرعة التصرّف هي المحركات الأساسية في أيّ قضية إنسانية، كان الحادث يوم الجمعة، وطبعًا

أُعلن عنه في الأخبار المحلية وشاهدتني إحدى صديقاتي وتواصلت معي، وقد شاهد الأخبار أيضًا الموكل بأعمال سفارة بلدي في تلك الدولة.

استيقظت صباح يوم السبت على اتصال من الاستقبال في الفندق يخبرني بأن مسؤولًا من السفارة موجود للقاء في الفندق!

وفعلًا تجاوبت السفارة بشكل سريع فحجزت لنا تذاكر على أقرب رحلات تعود إلى الوطن، بالنسبة لي كانت رحلتي مساء الأحد عن طريق دولة أوروبية ثانية، لأنني حاملة لڤيزتها!

أما شركة الطيران فقد قال أحد مسؤوليها وبكل جرأة إن عدد المسافرين المتوجهين إلى أرض الوطن كوجهة نهائية قليل، ولا يتطلب ذلك إحضار طائرة خاصة لهم! لكن حسن تصرّف مُمثل السفارة، وحسّه الإنساني العالي واهتمامه بمواطني بلده دفع موظفي شركة الطيران إلى إنهاء الإجراءات بسرعة وفي عطلتهم الرسمية.

المراد من تتمة القصة:

لا فائدة من التخطيط بدون التدريب على تنفيذ الخطط، واستيعابها كطبيعة ثانية لتطغى على أيّ شعور بالخوف، أو التردد أو الضياع والحيرة عند حصول موقف طارئ. وإن الحس الإنساني العالي والشعور بالمسؤولية حتى ولو لم يكن الموضوع مرتبطًا بك، أو بمسؤولياتك المهنية مباشرة هو وقود الحركة الأساسي والعامل الرئيسي لمحاولات إنقاذ أيّ موقف طارئ بأقل الخسائر الممكنة، وأعلى مستويات الابتكار في التفكير لحلول ممكنة.

وضعنا الكوروني الحالي، جعلني أتذكّر موقف الطوارئ في الطائرة، وأشاهد بعض ردود الأفعال تتكرر وإن اختلفت المسميات.

بعض الناس يتنصّلون من كل مسؤولية والبعض الآخر يتعاملون ببساطة وأريحية، ويضعون أنفسهم في المقدمة لمحاولة مدّ يد العون بأيّ طريقة.

نقطة تدبُّر: هل أنت من النوع الذي يخطّط ويخطّط ويتأكد من جودة الخطة، ويعود ليدقِّق عليها بدون تنفيذ؟

أم أنت من النوع المسؤول وتتصرف حسب الظروف وإن لم يُطلب منك ذلك، ولن تتلقى أتعابًا على جهدك ولا شهرة؟

وقبل أن تحدِّد نفسك من أيّ نوع، تذكّر ردّة فعلك بعد الإعلان عن وباء كورونا، وخطواتك وردود أفعالك وشعورك بعدها، وتلطيفًا للجوّ خمّن اسم شركة الطيران مع العلم أن القصة حقيقية بكل تفاصيلها!

إيش رأيك؟

ردود أفعال، ٣/٥

اجتمعنا مع مُمثل السفارة في بهو الفندق وأخبرنا بأنه ستُحجز لنا تذاكر حسب تأشيرات الدخول الموجودة في جوازات سفرنا وكانت أقرب رحلة لي بعد يومين، قال لي: "لو نزلتِ إلى المطار - "بما إن إحنا في فندق المطار وهو أقرب شي لنا حتى لو نبي كوفي أو سناك" - وتوفّرت أيّ رحلة إلى أرض الوطن ووجدنا فيها كرسيًّا أو ألغى أحد ما حجزه، فسنحجز لك عليها!" فكان هناك بصيص من الأمل مع قلق من كثرة العشم والخيبة.

بعدها فتح لنا الفندق البوفيه لوجبة فطور/ غداء، وخصص طاولة كبيرة في المنتصف لركاب الطيارة الذين لم تطِر طائرتهم، مكتوب على كل كرسي رقم الرحلة، لأنّنا صرنا معروفين بالرقم.

عندما اجتمعنا على سفرة واحدة، بدأت أسئلة عروسيْ الرحلة اللذين لم يتوقفا عن الضحك،

منذ تزحلقلنا وهما يضحكان إلى الآن بشكل استفزّ الجميع، واستفسرا من كل واحد من المسافرين المجتمعين على الطاولة عن وجهته ومن يرافقه، طبعًا بدأا بنفسيهما، قالا إنهما متزوجان من يومين وسيقضيان شهر العسل في تايلند، وشعرا أن الموقف الذي حدث عمّق علاقتهما فقد بدأا في كتابة تاريخ لهما معًا، حكايات وقصص يقصُّونها على أحفادهما!

ردّت عليهما مباشرة عجوز آسيوية: "قصص لأحفادكما؟! لو ظلّ النحس الذي بدأتما فيه رحلتكما مرافقًا لكما "ما راح تشوفون عيال، مش بعد أحفاد"، والفتت إلى ولدها قائلة له: "لو هذي زوجتك على الرحلة چان قلت لك تطلقها، لأن هذا النصيب يقول لكم إنكم ما تنفعون لبعض!"

كان إلى جانب الطاولة أمّ مشغولة بثلاثة أطفال، تُطعم واحدًا وتضرب الثاني بيدها الأخرى تاركة الثالث في حضنها مع رضّاعة

الحليب، عرضت عليها إحدى السيدات أن تساعدها على حمل الطفل، وافقت وبدأت تتكلم وتنصح العروسين: "مبروكين على الزواج، لكن نصيحتي لكم لو تبُّون شهر العسل يطول لا تجيبون عيال، وإذا بتجيبون مش أكثر من واحد!" ثم توجّهت إلى الزوجة بقولها: "لا يكون تخلين زوجج يقولج بعد كم سنة يسافر يجيب فلوس أكثر وعيشة أحسن من دولة غير بلدكم! وقتها انسَي مشروع العيلة يا فلوس وكل واحد فيكم في حال، أو عائلة مرتبطة على قدّ الحال".

وفي منتصف حماسها بالكلام قاطعتها سيدة كبيرة مقعدة قالت لها: "تعب العيال بتنسينه لما يشيب شعر راسج وتدورين حولج تلاقينهم واقفين يلبون طلباتج ويتمنون لج الراحة والرضا! ما عليكم منها جيبوا عيال وانتو شباب عاونوهم في صغرهم يعاونوكم في كبركم، الأنانية سهلة وانتو صغار والندم مرّ لما تكبرون"، شعرت ابنة السيدة العجوز

التي تهتم بها براحة من كلام أمها وهمست: "تقبّل الله".

التفت الأنظار إليّ، في انتظار كلمة مني! لم أستطع إلا أن أعبّر عن نفسي وأقول للكل بصراحة: "والله إني مش طايقة لبسي اللي تقطّع من أسفلت المطار وتغبّر! ولست معتادة على أن أستحمّ وألبس الملابس نفسها التي عليّ من ثمانٍ وثلاثين ساعة بالضبط إلى الآن!! ممكن نعرف إذا بيجيبون شنطنا ولا لا؟!"

وكأني فتحت باب جهنم على شركة الطيران، بدأ الكل يشكو، سيدة تتذمّر من غلاء حفاظات الأطفال تقول: "حفاظ لعيالها تشتريه بالحبّة من المطار!" "والحليب ثلاثة أضعاف السعر" ومن يقول إن إبر الأنسولين "اخترب" لأنها لم تكن في الثلاجة وحبوب السكر "بدت تخلّص!" وأكثر ما آلمني "اللي متضايقة من لون المناكير اللي طار نصه وبقى نصه وأصابعها صارت مش حلوة " نرجع ونقول: "أولويات".

تركت المجموعة الطاولة وبدأ الكل يتهجَّم على موظفي الاستقبال يطلبون ممثلاً عن شركة الطيران ليخبرهم عن مصيرهم ومصير حقائبهم التي لم تظهر إلى الآن! "لين متى بنبقى بنفس اللبس".

أخذت حقيبة يدي الشيء الوحيد الذي معي واتّجهت إلى المطار وعيناي على لوحة جدول الرحلات ساعات وساعات، متضايقة من ملابسي المقطعة "وشيلتي" المغبرّة أفكر في الموقف نفسه الذي مرّ على الجميع، وكان لكل شخص ردة فعل، ونظرة مختلفة.

ودون أن أحكم على ردود أفعالهم، أحببت الابتسامة، أحببت التفاؤل وقمة التوكل، أحببت نظرة العروسين في أن القادم أحلى وأفضل، وأن هذا موقف يعمّق العلاقة وقصة لم تحدث لأيّ أحد نعرفه فنحن المميزون!

طبعًا ستكون ردة فعلهما مختلفة لو أن أحدهما -لا سمح الله- تعب في الموقف الذي

حـدث، ومؤكّـد أن ردة فعـل الأم التـي فقـدت جنينهـا لا يمكـن أن تكـون إيجابيـة أبـدًا!

لكـن، هنـا تتجلّى أهميـة التدبُّـر بسـورة الكهـف فالغـلام الـذي قُتـل، والسـفينة التـي خُرقـت والسـور الـذي بُنـي، كانـت كلهـا خِـيَرَة ولـو بـان الأمـر غـير ذلـك للبـشر قصيري النظـر! "وللحـين محّـد ألغـى رحلتـه لبلـدي".

والأمر كله لله.

إيش رأيك؟

تأثيرات الصدمة ٥/٤

لا زلت واقفة في المطار نهاية اليوم الثاني من الموقف، بالملابس نفسها، أحمل حقيبة يدي وفيها جواز سفري، محفظتي، فرشاة أسنان من الفندق، وهاتفي الذي توقّف منذ ساعات وليس لدي شاحن.

معظم عاملي المطار وخصوصًا "كاونتر" الدخول والأمن صاروا أصدقائي، لكن دون كلام، رقم الطائرة التي لم تطِر كان كافيًا ليفهموا وضعي، "وحياة القتمان جدًا صعبة"، شعرت بإحساس البكم والصّم وأنا أحاول أن أعبّر عن شعوري، عن طلبي، وحتى عن حاجتي لشاحن التلفون، لا أسمع ردًّا من موظفي المطار إلّا جملة واحدة "عذرًا لا نتحدث الإنجليزية"، "كا قلتوها بالإنجليزي! الله ما قدّركم تكملون معروفكم بجملتين زيادة!" مع العلم أنه يُفترض في موظفي المطار خاصة معرفة أكثر

من لغة، لكن كثرة التوقعات هي سبب لكثرة الإحباطات، ولله المشتكى.

وانتهى اليوم دون خبر، وبدأنا اليوم الثالث، رجعت إلى الفندق ونمت، لم يتبقَّ إلا ساعات قليلة "خلاص هانت" واقترب موعد رحلتي الترانزيت التي حجزتها لي السفارة.

استيقظت مرعوبة بعد ثلاث ساعات، خفت أن تفوتني الرحلة في الطائرة، ركضت تحت إلى المطار بعد أن ودّعت بحرارة مَنْ تبقّى من المسافرين الذين لا زالوا عالقين في الفندق، وصلت المطار وبثقة على "الكاونتر" أريهم التذكرة، شعرت أنهم فرحوا لي أكثر منّي. وركبت الطائرة ولله الحمد.

الرحلة قصيرة من دولة أوروبية لجارتها، تقريبًا خمس وأربعون دقيقة، قرأت فيها سورًا من القرآن! "وصار اللي ما عملت حسابه!" الخوف من الطيران، لم أرفع عينيّ من على عجلات الطائرة، بعدها غيّرت مكاني

ثلاث مرات وكنت أغمض عينيّ مثل الأطفال ومع كل مطبّ هوائي يسمع الركاب كلهم صراخي. وصلنا بفضل الله الوجهة الأولى وعند نزولي من الطائرة فوجئت بالركاب "يتحمَّدون لي بالسلامة والكابتن طلع يصفّق لي على شجاعتي! وأنا ميتة من الفشيلة".

الآن بدأ الدور الأصعب، الرحلة الأطول بثماني ساعات! بعد أن نزلت من الطائرة، بحثت عن أقرب طريق لخطّ الترانزيت لكي أرجع للشركة الأصلية التي حجزت تذكرة عليها لأرض الوطن.

وصلت إلى البوابة وقبل أن ألتقط أنفاسي سمعت المضيفة وبكل عصبية تقول: "الآنسة أمل، ما في وقت، بسرعة على كرسيج كل الركاب في الطيارة واحنا متعطلين بس في انتظارج".

هل هذا الاستقبال الذي يكون في انتظاري بعد خطئهم الفادح وعدم تبديل ملابسي ثلاثة أيام وعدم حصولي على حقائبي، وزيادة على ذلك كله لم أكن قادرة على التعبير عن

مشاعري لاختلاف اللغة في الدولة التي كنت فيها! "لين هني وخلاص!"

استحضرت مفردات قاموس اللغة الإنجليزية الذي أعرفه وصرخت على المضيفة صراخًا لم أسمعه من نفسي من قبل في حياتي "كل اللي في الطيارة طلعوا يتفرجون والكابتن طلع يشوف السالفة".

أخبرته القصة باختصار قلت له: "بدال ما مضيفتكم تتحمّد لي على السلامة" أعطتني درسًا في احترام المواعيد، فكان ردّي أن أعطيها درسًا في احترام المسافرين والاعتراف بالخطأ والاعتذار.

عندما شاهد الكابتن رقم الطائرة التي لم تطِر في يدي. اعتذر وطلب من المضيفة أن تعتذر وطلب مني الجلوس على كرسي درجة أولى "وجدًا غريبة على شركة الطيران هذي يسووّنها "بس أتوقع كان يبيني تحت عينه".

بعد أن أخذت مكاني في الدرجة الأولى، وأُغلق

باب الطائرة! بدأت بالصياح والصراخ دون إحساس، هذه الطائرة أكبر بكثير والمسافة أطول، "حلفت بالله ألّا تطير الطائرة قبل أن يعطوني حبّة مهدئة! وأنا على هذه الحال سمعت الشخص الذي بجانبي يقول لي ببرود: "لا تخافي لا يتكرر الموقف نفسه للشخص نفسه! ربما في السنة القادمة! يعني إنه طمَّني الحين!"

أعتقد أن قائد الطائرة قال لنفسه: "كل شي ولا الفضايح"، ولا أنني أصرخ وأتجوّل بين المسافرين أحكي لهم قصتي.

وحدث ما أردته لا أدري ما الحبة المهدئة التي أعطتني إيَّاها المضيفة مع عصير البرتقال الشهير، ومثل الحلم أغمضت عينيّ ولم أفتحهما إلا وأنا في الدوحة!

الحمد لله، "نزلت على طول أسجد سجدة شكر، محَّد عارف شالسالفة" والكل مستغرب وبعضهم يعتقد أنني مجنونة، لكني لم أهتمّ

بـرأي النـاس، فأنـا أدرى بمـا مـررت بـه.

لكــن الســؤال الآن هــل سأســافر بالطائــرة مــرة ثانيــة؟ "بنــسى الصدمــة؟ اشــلون؟"

هنـاك مـن سـينظر إلى الموضـوع علـى أنه سـخيف ولا يســتحق؛ لأنــه لم يمــرّ بالموقــف نفســه، لكــن الســؤال الآن الأهــم، في الوضــع الكــوروني الــذي نعيشــه، وبعــد أن ينقضي علــى خير، هــل سيرجع ســلام اليــد؟ هــل ســيتوقف الوســواس؟ هــل ســندخل ســينما؟ هــل ســنمشي بــدون معقــمات في حقائبنــا؟ هــل ســيتحرّك الأطفــال ويقفــزون، "والّا تعلمــوا عــلى الكســل والربــادة؟"

موقــف يذّكــر بموقــف، والأزمــة مردهــا لانفــراج بحــول الله، ليتنــا نبــدأ في التفكــير بتهيئــة الأطفــال في البيــت، الأهــل، الأصحــاب بطــرق معنويــة بســيطة تنــسّي النــاس الموقــف، وتُرجِــع للحيــاة الحيــاةَ بضحكــة "مــش بعقــدة".

سرعة التكيّف والتأقلم، ٥/٥

وصلت إلى أرض الوطن بفضل الله، وبعد أن حكيت "السالفة" وكرّرتها مليون مرة على مسمع كل قريب وصديق وحتى غريب فضولي، بدأت الحياة تعود إلى طبيعتها.

عدت إلى العمل واشتكيت على شركة الطيران، وحاججت، وكسبت الحجة، وماذا كان اعتذارهم وتعويضهم؟! تذكرة سفر مفتوحة لمدة سنة لأيّ دولة من دول العالم! "من صجهم! بعد بسافر!"

خرجت من عندهم و "الڤاوتشر" في يدي أقلّبه وأنا أضحك! لا أدري على نفسي وإلا عليهم! لكن من المؤكّد أنه لا توجد أيّ نيّة أو حتى احتمال ١٪ أني أستخدم تذكرتهم.

مرت الأيام والأسابيع وحتى الشهور، وأنا مستقرّة ومرابطة وحتى مستمتعة بالسياحة في البلد، صيفها وشتاها، حرّها وبردها وحتى ربيعها، اكتشفت أماكن جديدة لم أزرها من

قبـل، وسـجّلت في معاهـد لم يكـن عنـدي وقـت مـن قبـل للتسـجيل فيهـا.

صرت آخـذ إجـازتي السـنوية وأستكشـف نفسـي والبلـد، وفعـلاً تأقلمـت عـلى الوضـع، يمكننـي أن أقـول: "حبيتـه". تأكـدت أننـا عندمـا نتقبّـل أيّ ظـرف ونـرضى بـه نـرى فيـه كل الجـمال الـذي كنـا نرفضـه مـن قبـل!

مـن فينـا مولـود في سـويسرا؟! فجـأة صرنـا لا نسـتطيع أن نُصيّـف في الدوحـة!

مـن فينـا كان يركـض في المـروج الخـضراء في هولنـدا يلعـب "خشيشـة" وهـو طفـل؟! فجـأة صـار الـبر والتخييـم للسـيّاح والشـباب فقـط!

واعجبـي، كيـف يتطبّـع ابـن آدم بغير طبعـه كأنه يحـاول أن يتخلّـص مـن جلـده. أحـب السـفر وأشـجّعه، لكـن اكتشـفت أن حـب تـراب الوطـن والاسـتمتاع بـه يجعلنـي أشـتاق إليـه أكثر، وأقدّر كل بلـد ثـانٍ كوجهـة سـياحية لا أكـثر، وعرفـت أن السـفر ليـس شـيئًا أساسـيًّا لا أسـتغني عنـه

كل إجازة. للأسف صرنا مثل الموظفين فقط في بلدنا للراتب وفي كل إجازة نهرب لعوالم أخرى بدل أن نحاول أن نعشق عالمنا "طبعًا مش الكل"، لكن البعض.

مرت سنة ونصف وأنا على هذه الحال، والتذكرة المفتوحة انتهى موعدها ووضعتها في إطار واحتفظت بها للذكرى. وكعاشقة للسفر والترحال استغرب كل من يعرفني واقعي الجديد واستمتاعي به.

حدثت مناسبة لأهلنا في دولة خليجية وقررت العائلة كلها السفر إليهم "وأنا ما كان في إذني ماي: بتروحون بالسيارة بروح معاكم، غير چذي سلموا عليهم وأنا بَتِم في مكاني"، باءت محاولات الإقناع كلها بالفشل، حتى وافق أخي -رحمه الله- أن يأخذنا بالسيارة. وفعلًا أخذت أسبوعًا إجازة وتوكلنا على الله.

بعد يومين بالضبط جاءني اتصال من العمل، زميلة لي في القسم تعتذر أشدّ اعتذار لأنها

تزعجني وقت إجازتي، وكان السبب أن طفلة تتعالج في القسم ترفض أخذ العلاج منذ يومين لأنها تنتظر أبلة أمل ولو تأخرت في العلاج أكثر سيضطر الطبيب المشرف لتخطيط جديد للعلاج والبداية من الصفر. كان موظفو القسم الذي أعمل فيه كلهم من ألمانيا وبريطانيا وكنت الوحيدة العربية المسلمة، فالمرضى وخصوصًا الأطفال يحبّون وجودي أكثر ويختاروني بالاسم.

لا أقول إني كنت أفضل من زملائي في شيء، لكن طبيعة البشر أنهم يتأقلمون أكثر مع الذي يعرفونه ويرتاحون إليه خصوصًا في أماكن مثل المستشفيات.

صرت محتارة بين نارين، فأنا أعرف الطفلة التي كانت تخضع للعلاج من أول يوم دخلت فيه القسم وكسبت ثقتها وحتى ثقة أهلها، وفعلاً سيؤنبني ضميري لو شعرت أنني قد أكون سببًا في إيذائها، وفي الجانب الثاني لا أستطيع ركوب الطائرة! "إيش بسوي لو

طاحت صج هالمرة؟" مرت أكثر من سنة على المحاولة الأولى! "كلام النّحس اللي كان قاعد جنبي انزرع في مخي!"

كل محاولات إقناع أخي لإعادتي بالسيارة فشلت! لا ألومه، فقد وصلنا منذ يومين فقط! "يرجع يضرب المشوار مرة ثانية! "اممم والحل؟"

توكّلت على الله وصفّيت النية، عزمت أن تكون لله ودفعًا للبلاء عني وعن أهلي، وركبت الطائرة وكل شريط ذكريات عمري مرّ أمام عينيّ، وهوّنتها على نفسي فلو حدث الأسوأ ومُتّ على الأقل أكون "متّ بفايدة"، أو محاولة الإفادة. أغمضت عينيّ بقوة أثناء الإقلاع وسبّحت ودعيت وقرأت بعض الآيات! وقالها الكابتن! اربطوا الأحزمة للهبوط! أخيراً؟! الحمد لله، واستمررت على الوضع نفسه أغمضت عينيّ بقوة وأكملت ذكرًا وتسبيحًا إلى أن هبطت الطائرة! الحمد لله.

كانت المحاولة صعبة جدًا، لكني تخلّصت

من العُقدة، الحمد لله تخلّصت من العُقدة، لا يوجد شيء أبشع من شعور الخوف الذي يتحكّم في حياتك وقراراتك، لم أكن أختار السفر أو البقاء في الوطن كنت مجبرة بسبب الخوف، لكني الآن -الحمد لله- عرفت جمال وطني وجمال البلدان الأخرى، وصرت أختار متى أسافر ومتى أبقى.

بعد الكورونا يا ترى هل سنختار متى نأخذ اللقاح ومتى نرفضه؟ وإلا سيفرض الخوف علينا تصرفاتنا؟ هل سنزور إيطاليا ونطلب العلم ولو في الصين، وإلا سنغير الأمثال المشهورة؟! هل سنظّل في دائرة الخوف وإلا سنُقرّر كسرها واختيار تصرفاتنا بناء على حرية التفكير والقرار؟

بعض التساؤلات التي تستحق التأملات.

كونوا أحرارًا وابقوا أحرارًا بأفكاركم أولًا ثم كل شيء.

إيش رايك؟

استفتِ قلبك

قلب المؤمن دليله.

في الأذن دومًا صوت يحدثنا.

نحـاول تجاهلـه و"تطنيشـه"، وإنـكار وجـوده أيضًـا لأن ذلـك يشـعرنا بسـيطرتنا عـلى الأمـور. ولكـن يا تـرى مـا ذاك الصوت؟ هـل هـو صـوت الضمـير، أو وسوسـة الشـياطين؟

يغمـر قلبنـا إحسـاس مفاجـئ عنـد سـماع أمـر أو الإقبـال عـلى موضـوع جديـد، فـما هـذا الإحسـاس؟ أهـو دليـل قلوبنـا أم ناتـج تراكـم موروثاتنـا؟

هـذان الشـيئان موجـودان، مهـما حاولنـا تجاهلهـما، لا يمكـن نكرانهـما.

نُسلّم دومًا بإحساس الأم ولكن نُنكر أحاسيسنا.

نمـا إحسـاس الأم بأطفالهـا مـع غريـزة الأمومـة والتواصـل الرحمـي بينهـا وبـين أطفالهـا منـذ

كانوا أجنّة في أحشائها، يمكن لهذا الإحساس النمو والتأصُّل، أو الخمول والبعد، نتيجة التأكيد لهذه المشاعر أو إهمالها.

ونبني على ذلك بقية الأحاسيس عند باقي البشر، ولكن، بشرط الوعي بالذات.

يكون الوعي بالذات بمعرفة واقع موروثاتنا الفكرية وتقبُّله، وإلغاء الاعتقادات المجتمعية السائدة حتى نرجع إلى أصل الفطرة السليمة التي خلقنا الله عليها فيعلو صوت المؤمن الحق وإحساسه على صوت وساوس الشيطان وعلى بقايا أفكارنا الموروثة.

هذه الأحاسيس والأصوات حالها حال الأحلام التي تكون على أنواع ثلاثة، إما رؤيا من الله كبشارة أو تحذير أو أضغاث أحلام من الشياطين ووساوس النفس، وإما اضطرابات من أمور تشغل بالنا نفكر فيها قبل النوم؛ لأننا "مثقلين في العشا".

كلما تمكّنا من التمييز بينها، تمكّنا من تدريب

أنفسنا على التمييز بين الأصوات في آذاننا والمشاعر التي تغمر أنفسنا.

نحن البشر مَنْ فضّلنا الله على كثير من خلقه بنعمة الوعي والعقل، فلننظِّف قلوبنا وأرواحنا من تراكمات الزمن ولنعُدْ إلى فطرتنا الربانية، ولنثق باستفتاء قلوبنا ولنصدِّقه.

إيش رايك؟

مبادئ أو تخلُّف في انتهاز الفرص!

انتقل جدي إلى رحمة الله وأنا في السادسة عشرة من عمري، وبعد أن أنهت جدتي العدّة، أخذها أبي وعمتي لأداء العمرة.

بتوفيق الله، كُتب لي أن أكون معهم في هذه الرحلة، عند دخولنا الحرم الطاهر وما إن وقع نظري على الكعبة المشرفة، حتى تعالت أصوات المعتمرين بالتكبير، تكبير دون صلاة أو أذان، تكبير وتهليل مفاجئ من الجميع. وأثناء طوافي بالبيت العتيق وقبل أن أُكمل دورة واحدة شاهدت بابه مفتوحًا! هذا ما أوقف الناس جميعهم عن متابعة طوافهم، رغبة وأملًا في دخول البيت العتيق.

وكأن باب السماء انفتح لهم والملائكة أمّنت على دعواتهم! انهمرت دموعي رغمًا عني كباقي الموجودين من المعتمرين.

كان المنظر والتكبير وتوحُّد المشاعر أعمق من الوصف، ثم انتبهت لمجموعة من الحرس يُحيطون بمجموعة نسائية من الضيوف الدبلوماسيين الذي يحتّم واجب ضيافتهن إدخالهنّ البيت العتيق!

بطبيعتي المتمردة، هتفت: "اشمعنه اهما؟" وأنا في قمة "التحندي" الاحتجاج وأتأفف مما يحصل مرت المجموعة أمامي وإذا بشرطي من الحراس يفتح يده ليدخلني في الوسط مع مجموعه النساء من كبار الشخصيات ويقول لي: "ادخلي سريعًا!"

ترددت وقلت له: " كلنا!؟ أقصد بذلك أنا وعمتي وجدتي والنساء حولنا!

قال: "لا، بس إنتِ، بسرعة بسرعة!"

وكأنها سرقة سريعة دون أن ينتبه لوجودي مع كبار الشخصيات أحد، صمتُّ ولم أتحرك، فهتف: "كيفج! لا تتحلطمين عيل".

ومن ذاك اليوم إلى يومنا هذا وأنا أفكر! هل

أخطأت بعدم أخذ الفرصة التي أتيحت لي من السماء؟

إن الربّ ربّ الجميع والبيت مقدّس عند الجميع وكلنا سواسية! أهذه مثاليات لا توجد في الواقع؟

هل فعلاً عليّ انتهاز الفرصة التي أتيحت لي وعدم التفكير في المثاليات وإصلاح الكون؟ أكانت هذه الفرصة من الله لتشريفي أم لاختباري؟

اكتشفت اليوم أنني فاشلة في انتهاز الفرص وأنني أتلقى ضربات على رأسي يومًا بعد يوم لأتعلم! ولم أتعلَّم!

اليوم وبعد عمر طويل وبعيدًا عن عمر السادسة عشرة بدأت أتعلَّم، أننا لسنا سواسية ولن نكون أبدًا، نحن طبقات وأجناس وبيننا اختلافات، لنتعلم كيف نتعايش ونحترم بعضنا. ولكننا سواسية فقط بين يدي ربنا.

ضعيف، لكن في قمة الغرور

تبدأ حياة الإنسان بضعف الطفولة، حيث يعتمد كليًّا على أمه نبع الحنان، تغذيه، تعتني به، تطبّبه، تدرِّبه على المشي، النطق، المضغ، حتى قضاء حاجته!

ثم يمر بقوة الشباب، يتنقل في الأرض يبحث عن علم ينفعه، ثم عن عمل يسدّ حاجته! حتى يشيب، ويرجع بسبب ضعفه إلى الاعتماد على الغير ليرعاه في أكله، ومشيه وذاكرته وحتى قضاء حاجته!

عجبي هنا من غرور هذا الضعيف، في طفولته وهو لا يفقه شيئًا يحتفل سنويًّا بيوم مولده وكأنه إنجاز حققه! بغض النظر عن الفتوى الشرعية في الاحتفال بيوم الميلاد، هو واقع موجود لا يمكن نكرانه، السؤال هو، ما الإنجاز الذي حققته وتحتفل به وتتلقّى الهدايا من أجله؟ والدتك هي من أعانها الله على خروج

روح من روح وأنعم عليها بالصحة وردّ عافيتها، فكيف يُنسب الإنجاز لك؟

وفي شبابه، يحصل على منصب أنعم الله به عليه، فيظلم تارة ينسى أهله وأصحابه تارة أخرى، ويتعالى على غيره بأنه لو لم يكن أفضل منهم، لما وصل لمنصب أعلى منهم! وينسى أو يتناسى أن المنصب تكليف لا تشريف، وأنه لن يدوم له كما لم يدُم لغيره فوصل إليه.

وفي شيخوخته! كم من شيخ لم يحترم شيب شعره واستمر في تصرفاته المراهقة إلى آخر عمره، وكم من عجوز لم تحترم سنها وتتصابى في ملبسها وشكلها.

في دورة الحياة هذه كلها، وفي كل موقف يمرّ بك ترتسم في أقدارك عدة احتمالات وأكثر من خيار ومع كل خطوة تتقدَّمها وخيار تتخذه تُعيد رسم خارطة أقدارك وخياراتك، وكلها بنواياك.

لم ينطق الرسول -صلى الله عليه وسلّم- عن

الهوى إن هو إلّا وحي يوحى حين قال: "إنما الأعمال بالنيات ولكل امرئ ما نوى".[1] لذلك أيها الإنسان وأنت تتنقل في خيارات حياتك جدِّد النية كل صباح، واستعن بالله واحتسب يومك، عملك، شبابك، علمك كله له سبحانه ولا تغترّ! ولا تتكبر، فالغرور مقبرة النجاح وما التوفيق إلا بالله.

داوم على الشكر لله وللخلق فمن لم يشكر الخلق لم يشكر الخالق، لا تنسَ معروفًا قُدّم لك، وأعطِ كل ذي حقّ حقه، حينها سيفخر كل من حولك بإنجازك، وسيتسارعون لخدمتك لتصل إلى وجهتك، لعلمهم أنك لن تنسى جهدهم.

العمل جماعي، والحياة جماعية وما من فرد أنجز شيئًا بعد فضل الله إلا بأفضال بعض من خلق الله الذين سخرهم الله لمساعدته، فلا تنسَ الخلق حتى لا ينساك الخالق.

---

(١) حديث شريف

ولننتقـل في دنيانـا مـن مرحلـة لأخـرى بتواضـع ويقـين أنـه لاحـول ولا قـوة إلا بالله العـليّ العظيم.

إيش رأيك؟

عطّار ابن عطّار

العِطـارة والعطّـارون ربمـا يكـون هـذا الموضـوع غريبًـا بعـض الـشيء، "بـس إذا فكرتـوا فيـه، تـرى يمسنّا جميعًـا بطريقـة أو أخـرى".

كل شـعوب العـالم وكل ثقافـة لديهـا ثقافـة شـعبية متوارثـة مـن الأجـداد للآبـاء ثـم للأبنـاء، نبعـت هـذه العلـوم مـن احتياجاتهـم الإنسـانية للتأقلـم مـع ظـروف بيئتهـم سـواء المناخيـة أو الاقتصاديـة.

في بريطانيـا مثـلاً بسـبب بـرودة الجـو الدائمـة وغـلاء المعيشـة اعتمـدوا عـلى البطاطـا كغـذاء رئيـسي، مُشـبِع ويبعـث الـدفء وفي الوقـت نفسـه رخيـص الثمـن. في مـصر ولكـثرة محاصيـل الحبـوب عندهـم اخترعـوا طبـق "الكـشري" الـذي يتميّـز بأنـه قليـل التكلفـة. أمـا أهـل الخليـج الذيـن كانـوا يذهبـون في رحـلات الغـوص ويغيبـون في البحـر لأسـابيع وشـهور فقـد اعتمـدوا

على "المحمّر والربيان الناشف".

ولم تقتصر فطرة الإنسان وحاجته على اختراع واكتشاف أكلات تناسبه فقط، بل تجاوزت ذلك إلى التداوي والعلاج. فمثلاً في الصين اكتشف الصينيون القدماء الإبر الصينية والكاسات الجافة منذ آلاف السنين، حتى ظهر الإسلام وأكّد رسولنا الكريم -صلى الله عليه وسلّم- أهمية الكاسات الرطبة بدل الجافة للصحة "الحجامة".

وذكر فوائد الصيام على البدن، وقد أصبح الصوم الطبيّ علاجًا في كثير من الدول، وهو يختلف عن الصوم لدى المسلمين.

وغير هذا وذاك كان دواء جدتي وجدتك، الميرامية والزعتر و"البريهو" وهو بذور الريحان، كما استُخدم اللبان والسدر وورق الغار، وغيرها من الأعشاب والبذور. لكن كلها كانت "بسَنَع!" وفق الأصول.

الميرامية مثلًا: تقلّل من أعراض الدورة الشهرية

للنساء وتخفّف أوجاعها، واللّبان يساعد على تخفيف المغص، و"البريهو" يحافظ على برودة الجسم خصوصًا في صيف الخليج الحار الجاف، أما "الكركديه" وما أدراك ما "الكركديه" -سبحان الله- هو مشروب لذيذ ومنعش سواء كان باردًا أو حارًا، و"الزموتة" تطرد الغازات وتُريح الجسم من آلام القولون إلخ.

ما ذكرته كان مثالًا للأعشاب واستخداماتها لكن لكل شيء مقدارًا. ومقولة إن الأعشاب إن لم تنفع لا تضرّ مقولة بعيدة عن الصحة؛ إذ إن الجهل بخصائص الأعشاب وأضرارها قد يعود بنتائج كارثية على من يعانون من مشاكل صحية مزمنة.

واليوم، انتشرت موضة النباتيين وانتشرت مطاعم "القيجان" يمينًا ويسارًا، "وهالشي حلو لأنه ينوّع المعروض لكن يا ترى هل اللي ياكل يفكر في البدائل اللي ياكلها!"

صارت الأطباق ملونة وزاهية وفيها ما لذ

وطاب! بديل اللحم، بديل البيض، بديل الحليب وما إلى ذلك، وكل شيء سلاح ذو حدين، "كثرة الشي ما تزيد فوايده لكن تضرّ".

مثلاً حبوب الصويا وحليب الصويا وجبن الصويا التي انتشرت مؤخرًا، يسبب الإفراط في أكلها أخطارًا على الجسم! فلماذا يأكلها المرء بصورة دائمة ويعرّض جسمه للضرر بسبب أكلات الله وحده يعلم ما فيها.

نزلت سورة الأنعام، مفصِّلة لكل حلال طيب أتاحه الله وأباحه لخلقه، "واللي مب مِشتهي اللحم محّد يغصبه" -خاصة أنني كنت نباتية لفترة طويلة من حياتي-، لكن عليه أن يدقّق في اختيار البدائل ويهتم بنوعية أكله، ويقلل المُصنَّع ويتجه للمنتج المحلي الذي يعرف مكوناته.

وكل حزني على مهنة العطارة والعطّار "الحوّاج" الذي كنا نذهب إليها ليعطينا العشبة مع وصف طريقة استخدامها ومدة الاستخدام،

إيمانًا ويقينًا أنّ كل شيء يزيد عن حدّه ينقلب إلى ضدّه!

قلَّت احتياجاتنا للعطّار، وصعُبَ على الطب الحالي أن يحُلّ محل الطب البديل في تقديم علاجات مثل: الحجامة، التنفس العميق، المساج، وغيرها.

ولكن، نصيحة لمن لديه جدة أو جدّ كبار في السن ويعرفون التداوي الشعبي والوصفات المنزلية، أن يسألوهم عن كل شيء ويكتبوه في ورقة؛ لأنهم بركة البيوت والعلوم المندثرة.

وأرجع لأقول هذا رأيي.

إيش رأيك؟

الرضا والتذمُّر

تستقبل بلدي الوافدين من كل الجنسيات، وحولنا أناس من جميع الأشكال والأديان والثقافات. وتجمعنا بمجموعة منهم روابط العمل والمعرفة والصداقة، وعندما نستفسر من بعضهم عن الأحوال، ماذا نتوقّع أن يكون رد سؤال:

"إشلونكم؟ وشخبار الدنيا معاكم؟"

ماذا ستكون الإجابة لو طُرح هذا السؤال على بعض الأفراد من عرب، أو أجانب: أفارقة ومن الشرق الأقصى؟

"من اللي دائمًا يقول، الدنيا رضا وأنا فوق النخل؟"

"ومن اللي دائمًا يتذمّر؟"

ترى لم هذا الاختلاف في ثقافة الكلام والتعبير رغم التعليمات الدينية لدى المتحلطمين؟!

"مع إن الدنيا دوّارة على الجميع، وكلنا لنا يوم

فـوق ويـوم تحـت، لكـن الاختـلاف في الرضا".

للأسـف تعـوَّد البعـض أن يشـتكي ويشـتكي مـع أن وضعـه الظاهـر للعيـان يُحسـد عليـه، مـن صحـة ووظيفـة وبيـت وعائلـة وسـيارة.

والبعـض الآخـر مـن الوافديـن مـن العمّـال الذيـن تعوّدنـا أن نشـفق عليهـم ونحـزن لوضعهـم الصعـب لأنهـم يشـتغلون في الشـمس ويعيشـون دون أهلهـم إضافـة إلى أن رواتبهـم قليلة! "تعطيه غرشـة مـاي طمعًـا بأجـر الله وثوابـه، يشـيلك علـى راسـه مـن الشـكر والامتنـان" وعندمـا تسـأله عـن أخبـار الدنيـا معـه يـرد بابتسـامة رضـا.

أحـوال الدنيـا كلهـا في تقلُّـب وبقـاء الحـال مـن المحـال فـلا سـوء يبقـى ولا فـرح يـدوم وكل وضـع مؤقـت، فعرفـت وقتهـا أنهـا ليسـت الظـروف أو الأحـوال مـا يسـبب السـخط أو الفـرح لـدى النـاس، بـل هـي نظرتهـم للأمـور وقبولهـم لهـا ولا يسـعني إلا أن أذكـر بيـت الشـاعر إيليـا أبـو مـاضي:

أيها الشاكي وما بك داء

كن جميلًا ترَ الوجود جميلًا

اللهم أرضنا بقسمتك واجعلنا لك من الشاكرين.

إيش رأيك

قَصّة شعر على الموضة

أقبل الصيف وستبدأ المصايف بعد بضعة أسابيع وستظهر معها قصّات الشعر الصيفية.

إن موضوع تشبُّه النساء بالرجال في قصّات الشعر القصير مستهلك! لقد تعبنا من كثرة التوجيه والنقد، حتى أن المجتمع -للأسف- بدأ يذعن للموضة والتقليعات الجديدة في قصّات الشعر الرجالية للنساء!

صار الأهالي لاحول لهم ولا قوة، وبدأ العموم "يبتلع فكرة، كلٍ وشخصيته وستايله" بغض النظر عن الحرام والحلال والذوق العام.

فتجنبًا لإعادة الموّال، أودّ مناقشة الموضوع بطريقة أخرى "إذا كلش ولابد بتقصين شعرج قصير ومافي إذنج ماي ومصممة!" لأنك لا تحتملين الحرّ، وتعب غسيل الشعر والعناية به، فليكن قصّ شعرك بنِيّة جعله صدقة!

توجد مراكز تجمع الشعر الحقيقي الطويل وتخيطه كباروكة لمرضى السرطان -عافانا الله وشفاهم-.

ونصيحتي لكل من تقرر قَصّ شعرها بإرادتها، ولأيّ من الأسباب أن تجعله صدقة جارية، وتنوي به إسعاد أشخاص سقطت شعورهم رغماً عنهم! ويتمنون رؤيتها من جديد.

هذه المراكز معروفة ومُعتمدة تستقبل تبرعات الشعر، ولكن بشروط بسيطة، مثل: عدم صبغه، وأن يكون في مستوى معين لأقصر طول، كما يمكن الاستعانة بغوغل "ما راح يقصّر في إعطاء أسماء المراكز، عشان ما أكون خصّصت مركز عن آخر". وجزاكم الله كل خير.

متى أبدأ؟

هل الاستعداد والعلم التام بالأمور شرط من شروط الخوض فيها؟ من قال لا أعلم فقد أفتى، ولكن لا يمكن أساسًا توقّع وجود شخص علاّمة يفقه في الأمور كلها ولديه كل الحلول، فلماذا محاولة تصنّع اللامعقول؟! بالنسبة لي فقد رفضت عرض وظيفة في سنة من السنوات لأني غير مهيأة لها أكاديميًا! وتوقعت أنه التصرف الصحيح المسؤول، فكيف لي أن أُدير قسمًا بموظفيه وهم أعلم مني بالمجال نفسه وأنا وضعي وضع "المزهرية"؟ ولكن، كما سبق من درس باب الكعبة، لم أتعلَّم واكتشفت أنه أمر طبيعي ومقبول وحتى متوقّع أن يكون المدير المسؤول عن قسم أو إدارة لا يعرف شيئًا عنها لأنه يتعلَّم يوميًا وهو يمارس مهامٍ عمله! كنت أظن أن الراتب لن يكون حلالًا لأن الشخص لم يصل للمعرفة والمهارة المطلوبتين، ثم تغيّرت قناعتي حين علمت أن

طلب العلم دائم. فخذي الراتب وتعلمي وكوني من الشاكرين يا أمل! "بلا فلسفة!"

حين قِست الموضوع على باقي المجالات، وجدت أن معظم من أعرفهم حصلوا على رخصة السّواقة قبل التمكُّن من السّواقة! والتعلُّم في الطريق! حالهم حال الآباء الجدد، لم يأخذ أحدهم دورة تثقيفية في كيفية تربية الأطفال ولكن توكلوا على الله وجربوا في "البچر" المولود الأول.

وقِسْ على ذلك معظم أمور الحياة! مِن لم يحرق قدرًا أو قدرين ويخترع طبخات ما أنزل الله بها من سلطان، لن يتعلّم الطبخ.

وباختصار من لم يواجه الغرق لن يتعلّم العوم، تمامًا كما فعلت زوجة خالي عندما ألقتني في البركة وأنا طفلة وخالي في الماء مستعدّ لانتشالي قبل لحظات من الغرق!

غريزة حبّ البقاء قوية لدى الإنسان، سواء البقاء على قيد الحياة أو البقاء في الوظيفة أو في

الشارع أو في المطبخ، تحُثّ هذه الغريزة على إخراج عصارة طاقاتنا وتفانينا! ولولا إلقائي في البركة عندما كنت طفلة لما تعلَّمت العوم وأصبحت أسبح بثقة، شكرًا لخالي ولزوجته.

موضوع التجربة والخطأ ثم التصحيح وإعادة التجربة هي الدائرة المولِّدة للحياة، كل الحياة، ولكن تقبّلها الجميع في ناحية "البزنز" ولم يتقبلها البعض في النواحي الاجتماعية!

ورغم محاولاتي إقناع نفسي، فلست أتقبّل أن ألبس ثوبًا أوسع مني وأن أتبوأ منصبًا لا أستطيع القيام بأعبائه ليس انتقاصًا من قدراتي، ولكن في نظري أنها حقوق الله والخلق، حين أكون متمكِّنة من مهارة الإدارة، سأقبل المنصب بثقة.

تمامًا كعدم الرضا بمنصب أقل من مستواي وثوب ضيّق عليّ يُعيق حركتي! لا تهمُّني الموضة ولا "البرستيج"، يهمُّني أن أضع نفسي حيثُ تُصان كرامتها، وأستغرب من غضب

بعـض البـشر حـين يُعطَـون أقـل مـما يسـتحقون ولكــن يرضــون بأخــذ أكــثر مــما يســتحقون!

هذا في النهاية رأيي.

إيش رأيك؟

شفقة أم تعاطف!

يستمر الجدل بيني وبين إحدى صديقاتي المقرَّبات التي أعتبرها أميرة رياضتي الذهنية في كل موقف يمرّ بنا ونرى فيه أشخاصًا يتصرفون بطريقة مخالفة للذوق العام.

ففي إحدى المرات كانت تنظر بشفقة إلى مجموعة من النساء في إحدى الفرق الشعبية تجاوزت أعمارهن الخمسين يغنين الأغاني الشعبية، وهن يمشين بين المتسوقين في السوق رغم الرطوبة وحرارة الطقس. شعرت صديقتي بالشفقة على من هُنّ في عمرهنّ وتضطرّهن الحاجة لمثل هذا العمل فقط من أجل لقمة العيش.

أما نظرتي لهنّ فكانت تعاطفًا مع مَنْ يحاول تعريف روّاد السوق على اختلافهم بالغناء الشعبي للبلد، وفي الوقت نفسه يسدّ حاجته المادية بفخر دون أن يمدّ يده للناس. قد تكون

أوضاعهنّ صعبة أحيانًا مع حرارة الطقس ولكنهنّ يمارسن عملهنّ بحب وفخر.

ولنقِسْ على ذلك مواقف عدّة، فهناك الكثير ممن يشعر بالشفقة تجاه من لم يُنجب! أو من يغترب ليعمل خارج بلده، وأحيانًا تصل الشفقة على أشخاص لا يدينون بنفس دينك!

حذار، حذار، يا خلق الله.

منظوري للشفقة أنها دائمًا تكون ممن هو في وضع أعلى ودرجة أرفع من الآخرين! فمن تكون أنت يا بن آدم لتشفق على أخيك الآدمي الآخر!؟

من وضعك في موضع أعلى أو أحقّ من أخيك لتشفق عليه؟ قد تكون المرأة التي لا تُنجب، لديها من الرضا والقناعة ما ليس لديك رغم كل ما لديك!

قد يكون المغترب ليس محتاجًا للوظيفة ولكنه اختار التغرُّب والعيش خارج بلده لأسباب لا تعرفها! وقد يكون المتمسك بدين

غير دينك، أقرب لله منك ويهديه الله إليه ويُضلِّك لغرورك.

نعم، التعاطف شعور إنساني راقٍ ومطلوب من الجميع مع الجميع، وخاصة لمن يعمل في المستشفيات حيث المرضى في أعلى درجات الاحتياج للتعاطف الإنساني الراقي، لكن ليس الشفقة.

فالشفقة حالها حال الشماتة لكن بأسلوب مختلف، لستَ أفضل من غيرك من خلق الله لتشفق عليهم، قد تكون أنت المحتاج أساسًا للشفقة من هكذا تفكير. لكن الرقي يكون في التعاطف مع أحوال غيرك من البشر ومحاولة تفهُّم أوضاعهم.

لنرتقِ بأفكارنا ومشاعرنا ولنقّدر الله -سبحانه وتعالى- حقّ قدره ولنكُنْ على علم دائم ويقين بأن أقدار الله تسري على خلقه برحمته وعلمه بما هو أفضل لهم، وهو أرحم الراحمين، وإن مّر أحد المقربين لك بظرف تراه قاسيًا قد لا

تتحملـه أنـت أو لا يتحملـه هـو، كّـن إنسـانًا في تعاطفـك معـه وتصبـيرك إيّـاه كـما تـودّ لـه أن يكـون معـك حـين تـدور الدائـرة.

رحمنا الله وإياكم.

حياة هوليوودية

استفدنا كثيراً من العولمة وتلاقي الثقافات، حتى أصبحنا جميعًا نسكن في بيت واحد بغرف صغيرة، كل غرفة تختلف في أثاثها عن الغرف الأخرى "بقليل".

وتضرّرنا كثيراً منها أيضًا بفقد هويتنا لم يعُد هناك اختلاف يُذكر بين اليابان وأمريكا، أو الصين ومصر! فقد أصبح ماكدونالدز وستاربكس في كل مكان، ولِبْس الجينز والتيشرت هو السائد!

حتى في الخليج -للأسف- أصبح تراثنا كمتحف الشمع، أو "استديوهات" مدينة هوليوود، نتجمّل به ونستخدمه إذا جاءنا زوّار من الخارج، أو في المناسبات.

كانت الفتيات في الشرق الأقصى يلبسن الأحمر للزفاف، وفتيات الشرق الأوسط يلبسن الأخضر، لكن معظم الفتيات الآن أصبحن يحلمن بالفستان الأبيض!

لا أذكر أن جدتي يومًا أرتني "دبلة" خاتم زفافها، "مع إن ما شاء الله التجوري مليان!"،

لكن اليوم يُوضع الخاتم في علبة زرقاء أو حمراء يُنقَش عليه تاريخ أهمّ من أيّ قطعة ذهب أخرى!

لم نعد نسأل عن أصل الأشياء وتاريخها بمقدار ما أصبح يهمّنا المشي في قطار العولمة متشابهين مستنسخين. أصبحت الحنّاء "زينة المرأة" غير عملية إلا للاحتفال في ليلة "القرنقعوه" أو حفل الزفاف! أما طلاء الأظافر فسهل لكل وقت.

إن كنّا نحن، الجيل المولود بين جيلين، جيل "الطيبين" وجيل المتعولمين ضائعين في التمسك بهويتنا وانتقاء ما يبقى وما يندثر!

فكيف الحال بالأجيال القادمة التي لن تعرف من تاريخنا شيئًا إلا ما يُعرض أو سيُعرض في المسلسلات التراثية والمتاحف!

أحب التطوُّر والتقدُّم مع الزمن ولكن أعشق التمسك بالجذور، فلولا الجذور لما وصل الغصن لأعالي السماء.

ما ألذّ العافية!

قال رسول الله -عليه أفضل الصلاة وأتمّ التسليم: "اسألوا الله العافية، فإن أحدًا لم يُعطَ بعد اليقين خيرًا من العافية"[٢].

تضِجُّ أصواتنا بالدعاء، وتغرق قلوبنا بالأماني، وتتيهُ خُطانا بحجم أحلامنا حتى نعطَس أو نكُحّ أو نُصاب بمغص!

إذا طلب الطبيب تحليل دم تتلاشى أحلامنا جميعها وكأنها قلعة من تراب هبّت عليها ريح، ولا نرى أمامنا سوى العافية.

كم شخص مّر بلحظات توتر في انتظار النتائج سواء كان طالب علم أو طالب وظيفة! وكم مريضٍ مّر بمراحل علاج حتى عادت له عافيته، كم متغطرسٍ يمشي في الأرض مرحًا لا يعلم بين الخطوة والأخرى ما هو قدره القادم!

---

(٢) حديث شريف

صدق رسول الله الكريم حين قال: "اسألوا الله العافية ...."، إن خير سؤال لله هو اليقين والعافية، فباليقين بالله وحسن الظن به نستبشر خيراً ويؤتينا الله من فضله خيراً فهو -سبحانه- عند ظنّ عبده.

والعافية في الدنيا والآخرة فهي السلامة من سوء القضاء وشماتة الأعداء وجهد البلاء ودرك الشقاء.

ما ألذّ العافية حين تعود لك وتستشعر قيمتها بعد تعب، أو بعد خبر حزين تسمعه عن شخص تعرفه!

لا لذة في حياة بخوف أو وسواس مما قد يحصل.

لكن الهدف هنا استشعار ضعفنا وإنهاء غرورنا وغطرستنا، ويقيننا بألّا حول ولا قوة لنا إلّا بالله العلي العظيم.

يا غافلاً عن رحمة الله وقدرته عليك، يدور حولك ملك الموت عزرائيل أمين الروح كل يوم

ينتظـر أمـر الله، والله -سـبحانه- يجـدِّد عافيتـك كل نهـار، فـلا تتهـاون عـن شـكر نعمـه، ولا تتجـبَّر عـلى خلقـه وأنـت الضعيـف!

تحية للملاعب، ولكل لاعب

في كل منـزل يوجـد عاشـق للكـرة، وكذلـك منزلنـا، فمنــذ طفولتــي وأنــا أتابــع المباريــات وأشــاهد "اللعّيبــة" العــرب يســجدون شــكرًا للــه بعــد تسـجيل الأهـداف، استحسـنت الفعـل ولم أدقّـق في دلالاتــه.

كـبرت ودخلـت الجامعـة، ولم أرَ طالبـة في أروقتهـا تسـجد شـكرًا للـه بعـد الحصـول عـلى النتائـج!

دخلـت المستشـفيات وخاصّـة مستشـفى الـولادة ولم أرَ مــن يســجد شــكرًا للــه مــع خــبر وصــول مولــوده وســلامته وســلامة الأم معًــا!

تطوّعـت في جمعيـات إنسـانية، ولم أرَ مَـنْ يسـجد شــكرًا أن حمانــا الله مــما ابتــلى بــه كثــيراً مــن خلقــه وفضّلنــا عليهــم!

مررنـا بمخيـمات ورأينـا لاجئـين يغرقـون في البحـار ويتيهـون عـلى الحـدود هربًـا مـن حـرب أو جوع،

وإن لم نرهم في الحقيقة فقد شاهدنا أخبارهم جميعًا على التلفاز، ولكن لم أرَ أحدهم يسجد!

فقط في الملاعب! رأيت بعدسة الكاميرا كما رآها الحضور والمشاهدون جميعهم لاعبًا يسجد شكرًا لله!

فهل يا ترى، هذا الهدف الذي أُحرز أغلى من شهاداتنا الجامعية؟ أغلى من خبر وصول طفل جديد؟ أغلى من سلامة زوجة وأخت وخالة؟ أغلى من السلامة في الأوطان والأبدان.

سجود الشكر لا يشترط وضوءًا ولا تحديد القبلة! سجود الشكر لا يهمّ أين تكون أو ماذا تلبس؟ سجود الشكر تجديد لشكر الله والاعتراف بنعمه عليك وتجديد هذه النعمة.

سجود الشكر، تكون سجدة نكرر فيها، آمنت بالله وحده، أحمدك ربي وأشكر فضلك حمدًا حمدًا وشكرًا وشكرًا.

ألم يَعِد الله صادق الوعد أن سيزيد الشاكرين من فضله؟ فلم التقصير؟

ولـكل منّـا مسـؤولية تعليـم غـيره بـأن يكـون قـدوة، فالابـن يقلِّـد الأب، والطـلاب يقلِّـدون المعلـم وكل شـخص يقلِّـد مـن يحـب! وهـذا الدليـل أدنـاه.

يسجد طفـل أجنبـي بعـد إحـراز هـدف، تقليـدًا للاعـب عـربي مسـلم هـو قدوتـه! فهنيئًـا لمـن سـنّ سـنة حسـنة فلـه أجرهـا وأجـر مـن عمـل بهـا إلى يـوم القيامـة.

شاهد المقطع:

https://youtu.be/wXo89FpjsfE

واذكروني بدعوة.

كل شيء في وقته حلو

هـذه المقولـة مـا قيلـت عبثًـا، فعـلاً كل شيء في وقتـه حلـو "مـب بـس الـرزق"، التخـرج والوظيفـة والـزواج والأبنـاء، كل شيء حتـى الأكل في وقتـه حلـو.

كنـا مـن قبـل ننتظـر الصيـف "عشـان نـاكل المانجـا بوفـصّ"، والبطيـخ السـكري اللذيـذ، والرمـان الحامـض أو الحلـو بدايـة فصـل الشـتاء، و أنـواع الفراولـة والتـوت في الربيـع، ومـع كل قضمـة تذوقهـا مـن هـذه الفواكـه، تحـسّ فيهـا بطعـم و نكهـة وحتـى انتعـاش في كل جسـمك!

تـأكل البطيـخ وتشـبع مـن "اللـذاذة كأنـك مـاكل وجبـة كاملـة"، تُشـبعك سـوائل وسـكريات وفيتامينـات، لا وكنـا أيضًـا "نتهـاوش" عـلى قلبهـا الجـزء الـذي يكـون في الوسـط دون حَـبّ! "مـن زود الفقاعـات الـلي فيـه ولونـه المتـدرِّج".

لكـن الآن! مـا شـاء الله كل شيء متوفـر بكـثرة

طـول السـنة، وفي كل وقـت وموسـم، لم يَعُـد هنـاك فواكـه صيفيـة ولا فواكـه شـتوية! لدرجـة أن الجيـل الجديـد لا يعـرف تأثـير الفواكـه والأعشـاب والمكسرات في الجسـم إذا كانـت حـارة مثـل: الجـوز والمرقـدوش والأنانـاس، وإلا بـاردة مثـل الخـس والخيـار والبرتقـال.

أما الاختلاف في الطعم، فحدّث ولا حرج!

صرنـا نـأكل الفاكهـة قضمـة وراء قضمـة ونحـن عـلى أمـل أن "يتعـدل الطعـم وإن هالحبـة بـس كانـت بـدون نكهـة!" لكـن لا، للأسـف صـارت معظـم الفواكـه متشـابهة في الطعـم، طبعًـا هـذا تأثـير الفواكـه المحسّـنة جينيًـا، حالهـا حـال التغذيـة الإجباريـة وإبـر الهرمونـات للمـواشي لزيـادة حجمهـا وإنتاجهـا، وتحسـين بـذور الـزرع جينيًـا، أو هكـذا يدّعـون أنـه تحسـين حتـى تثمـر النباتـات طـوال السـنة!

لم يكتـفِ البـشر بتغيـير خلـق الله في أشـكال البشر بعمليـات التجميـل! بـل انتقـل تأثـير الإنسـان

إلى المواشي والزرع! وسواء كنت من فئة المشجعين لهذه الطفرات المصطنعة أو ضدها. فإنها حقيقة موجودة، وملموسة. وأحببت أن أنقل الصورة بأن الله وحده يعلم تأثير هذه الجينات المصنّعة في أجسام البشر في المستقبل.

وأظلّ مقتنعة بمقولة كل شيء في وقته حلو.

لكن السوق مليء بالخيارات، والقرار لكم.

إيش رأيك؟

بطاقات قرآنية

انتشرت مؤخرًا في بعض المكتبات بطاقات الأدعية، والبطاقات القرآنية، في كل بطاقة دعاء من الأدعية المأثورة، أو آية قرآنية محفِّزة مع شرح مبسّط.

أعجبتني الفكرة لأنها تسهّل على البعض الدعاء، وتجعل الصغار يعيشون في حماس جديد كل يوم مما يظهر لهم من الدعاء.

لكن يوجد البعض ممن يتخذ من هذه البطاقة جوابًا قرآنيًا لمشكلة يمّر بها أو تساؤل في باله.

والبعض الآخر يعتمد على هذه الآيات فقط ويرددها ويكتفي بها عن قراءة القرآن الكريم كاملًا. وخصوصًا من فئة المراهقين الذين لم يختم أكثرهم القرآن قراءةً بعد.

وأما خوفي الأكبر فهو من الاستخفاف بهذه البطاقات بعد استخدامها! هي آيات الله فيها

اسمه وذكره، وللقرآن الكريم حرمة واحترام، ويصعُب عليّ تخيّل أن هذه البطاقات تُحذف أو تُهمل أو حتى تُلقى في سلة المهملات بعد حين!

ورجائي أن نحرص جميعًا على توعية من لديه هذه البطاقات، أو لدى إخوته وأطفاله، وتوجيههم إلى احترام محتواها وتنبيههم إلى أننا لسنا ممّن يعبد الله على حرف، بمعنى لجوئنا للقرآن أو بعض آياته عند الحاجة فقط. والقرآن الكريم كله عبر ومواعظ.

كنّا عندما نلمس المصحف الطاهر نقبله ثلاثًا ونضعه على رؤوسنا تقديسًا لمن أنزله، وتكريمًا لمن أُنزل عليه.

هو كتاب ظاهره أنيق وباطنه عميق.

يعلو ولا يُعلى عليه.

فلنمرّر هذا الاحترام للقرآن للأجيال القادمة.

سميعًا بصيرًا

خلقنا الله -سبحانه- مُنعّمين ننتقل من نعمة إلى أخرى دون أن نستشعرها لاعتيادنا عليها، ومن أعظم نِعَم الله علينا، السمع والبصر، وفي معظم آيات القرآن حدّد الله لنا هاتين النعمتين بالذات ليبلونا أنشكر أم نكفر.

لم خصّص الله -سبحانه- هاتين النعمتين بالذكر المتكرر في آياته، حتى مع معجزة أهل الكهف خصّص الله إحداها بقوله تعالى: ﴿فضربنا على آذانهم﴾[3]، وفي موضع آخر: ﴿إن السمع والبصر والفؤاد كل أولئك كان عنه مسئولًا﴾[4] إلى غيرها من الآيات.

بدأت أفكر في حال من وُلِد أصّم؟! يا تُرى هل يسمع صوت أفكاره!؟ أو وساوس صدره؟ وإن سمعها فبأيّ لغة تكون؟! سمع

---

(٣) سورة الكهف الآية (١١)

(٤) سورة الإسراء الآية (٣٦)

النبي سليمان -عليه السلام- حديث نملة! ولا يستطيع الأصم سماع صوت قذيفة أو صاروخ يسقط إلى جواره، أو صافرة إنذار حوله!

هل يا ترى يكذب الأصمّ؟ هل يستخدم لغة الإشارة في الخداع؟ حُرم من سماع القرآن والإنصات إليه حتى وإن قرأه، فهل يُحرم اطمئنان القلب بذكر الله؟

أما من وُلِد أعمى، فهل يرى الدنيا دائمًا وردية كخياله وما رسمه عقله وتفاؤله؟ هل يعرف ما اللون الوردي أم أن العَتمة والسواد هو كل ما يراه؟ هل يحلم الأعمى؟ وإن رأى رؤيا فهل يعرف بها أشكال الناس وهل يعرف نفسه؟

هل يفرِّق الأعمى بين بيضاء وسوداء؟ ورشيقة وسمينة؟ وقصيرة وطويلة؟

هل يميل قلبه للجمال الخارجي وينحاز لطرف دون آخر لمجرد الشكل؟!

هل وفّق الله -سبحانه- الأعمى والأصمّ لتجنب

العديد من المعاصي!؟

هل حقًّا أسأنا نحن استخدام هذه النعم؟

وهل، وهل، وهل، تساؤلات كثيرة في طيّ احتمالاتها كلها ألف ألف شكر لله، وحمد له -سبحانه- على خيرة أقدارنا.

اللهم لك الشكر على كل نعمة نسينا أو غفلنا عن شكرها.

إيش رأيك؟

عندما تكون البضاعة مجانية، فاعلم أنك أنت البضاعة

لا أعلم من قائل هذه العبارة، لكنه أحسنَ في اختصار دروس التسويق والإعلان في جملة.

يا تُرى لِمَ تكون بعض الخدمات مجانية؟ وأحيانًا حتى بعض المنتجات؟ أيعقل أن السبب "سواد عيوننا؟!" لا أظن!

فلنبدأ بالمأكولات، معظم وجبات الأطفال تحتوي على لعبة مجانية ويكاد سعر الوجبة لا يذكر! بالكاد يغطي تكلفة العلبة الملونة والمزخرفة فما هي الفائدة؟ كسب ولاء الأطفال وتعلّقهم بالوجبة فبدل أن تشتري مرة واحدة بسعر زهيد، يُبنى عندك الولاء لشراء الوجبة باستمرار وريال على ريال صاروا ألفًا.

طبعاً موضوع اشترِ واحدة والأخرى مجانًا! يلعب بوضوح على عقلية التوفير في النفس

البشرية وإن كان سعر المنتج الواحد المشترى يغطي سعر ثلاثة من المنتج نفسه، لكن يتجه البعض لشراء شيء لا يحتاجونه لأنه يوفر قيمة المجاني!

وننتقل من الأمور الواضحة إلى الأمور الأقل وضوحًا.

مواقع التواصل الاجتماعي مثلًا: الفيسبوك والسناب شات وغيرها! كلها مجانية ولكن، قامت مشاريع ضخمة على هذه الخدمات المجانية، غير ظهور مشاهير وسائل التواصل الاجتماعي "الفاشنيستات" الذين يبرمجون المستقبلين يوميًا على توافه الأمور، أصبح معظم المستخدمين مستهلكين! فالإعلانات تظهر في كل جانب وأصبح الشراء سهلًا لدرجة وصول البضائع إلى باب البيت ثم دفع القيمة! أما الفيسبوك فبعد فضيحة بيع بيانات المستخدمين وميولهم وأفكارهم فلا حاجة لفائض شرح.

ونصل للأدهى والأمرّ، الخدمات الطبية المجانية!! تحاليل بصمات الدم الوراثية، يا تُرى ما الهدف من إيصال تحاليل من بلد إلى آخر بصورة مجانية؟ فقط ليخبروا صاحب الفحص عن احتمالات الإصابة بالحساسية والأمراض الوراثية!

إن قاعدة البيانات للمستهلكين في أيّ مجال سواء كان طبيًّا أو تسويقيًّا أو ماليًّا أو في المأكولات وحتى الميول السياسية، تُعَدّ من أغلى البيانات وأهمها التي تُباع وتُشترى بأغلى الأثمان؛ لأنه على أساسها يبدأ تشكيل السوق الجديد حسب ميول المستهلكين.

وفي عبارة تسويقية درستها فترة الماجستير، تعلمت مبدأ، "أوجد الاحتياج ثم وفّر المنتج".

ومن الشركات القائمة على هذا التفكير شركة من أشهر شركات التبغ "السجائر" التي بدأت مشاريع في مجال الأدوية وتحاليل الكشف عن أمراض الرئة والقلب!

ورجـائي ألا يبيـع أحـد نفسـه وبياناتـه بحجـة أن الخدمـة مجانيـة وسـتنفع! قليـل مـن الوعـي يفيـد كثيراً مـن الأمـم. فلنغير نظرتنـا للحيـاة من مسـتهلكين لمسـتثمرين في صحتنـا وطعامنـا حتـى نصـل لملابسـنا ومسـاكننا وأصغـر أمورنـا وأكبرهـا.

هذا رأيي، ولكم القرار.

إيش رأيك؟

أُستهدفت الأسرة، وتحقّق الهدف

منذ طفولتي وأنا أسمع بنظريات استهداف الأُسر الإسلامية، وتحويلها من أسرة ممتدة إلى أسرة ذات الأفراد الخمسة ليسهل تدميرها.

كنت أستغرب من ذلك، فقد كبرت -ولله الحمد- وأنا على تواصل مع أرحامي الممتدين عمّ أمي وأبناء عمومة أمي وخالة أبي وأبنائها، وأرحامي المباشرة من عمّات وخالات وأبنائهم.

وفجأة دون أن أشعر بالزمن، فإذا بالعلاقات شبه اختفت! كبر الأطفال ونسوا البقاء على اتصال ببعضهم، أصبحت المسؤوليات كثيرة، "ولا تشره عليّ ولا أشره عليك!" لا تعاتبني ولا أعاتبك!

أصبحنا نرى المنكر أمامنا، وكلنا أصبح ضعيف إيمان فلا يتجرأ بالنطق حتى لا يُصدَم بوقاحة

الـردّ. فيفعـل فعـل ضعيـف الإيمـان ويحـاول تغييره بقلبـه بالدعـاء!

صارت الأم تخاف أن تقول لابنتهـا، "إنـتِ إيـش لابسـة؟" وبـدأ النـاس يقتنعـون بـأن "كلٍ ينـام عـلى الجنب الـلي يريحـه!" وكل مجموعـة تتآلـف مـع الأصحـاب الذيـن يتوافقـون مـع أفكارهـم بعيـدًا عـن النصح أو النقـد! "ما عـاد في كبير!؟"

في السـابق كنّـا نقـف احترامًـا عنـد دخـول جـدي، ولا نجلـس قبـل أعمامـي ونقـدّم الشـاي والقهـوة لهـم لأن صغير القـوم خادمهـم.

أمـا اليـوم، فاخـدم نفسـك بنفسـك، والعلاقـات العائليـة مجـرد مسـميات، لم يَعُـدْ للجّـد هيبـة، ولا لـلأم كلمـة، ولا للعمـة مكانـة!

هـل يـا تُـرى نجحـت الخطـط في تدمـير نـواة المجتمـع؟ هـل تربيـة الخادمـات لأبنائنـا هـي مـن أضـاع "السّـنع"؟ هـل أنانيـة دورات حـب الـذات، جعلـت نفـسي نفـسي تدمـر المجتمـع؟

سـلام لـكل أصيـل بقـي عـلى جـذوره، وعلـم أن

حبّ الذات هو بالاتحاد لا بالوحدة.

سلام لكل أم علمت أبناءها "السنع" الأصول، "مب الموضة".

سلام لمن أسمعني خطط تدمير الأسرة في المدرسة! فوعيت الآن بها!

رحم الله والدَين حافظا على أمانة التربية، ولم ينجبا أطفالًا فقط "ليكشخوا فيهم" ويتباهوا.

مجرد رأي.

هل البخل مرض لدى بعض الأغنياء؟

يُقال: "لولا البخل لما أصبح المليونير مليونيراً!"

أخالف تمامًا هذا الرأي ليقيني بربي وأنه هل جزاء الإحسان إلا الإحسان!

البخل في نظري قلة ثقة بالله الخالق المعطي، فمن يخاف الشحّ هو من يخاف انقطاع مورد العطاء! هل الوظيفة هي المُغني؟

الأهل، الاستثمار، كلها مسببات إنما المعطي هو الله.

لا أفتح مجالًا للإسراف في هذا الكلام، ولكن للاعتدال، والبعد عن البخل، وحين أقصد بالبخل أعني تقديم علبة شوكولاتة مأكولًا منها عند زيارة أحد المعارف! أو إهداء زميلة في إحدى المناسبات هدية مستخدمة مكسورة! والأدهى والأمرّ التصدُّق بما لا يمكن النظر

إليه ملابس رثّة بالية، أو أحذية مهترئة. يعجز الإسكافي عن إصلاحها.

هذا بخل بشع، فمعظم الناس يحبون التلاقي للتواصل والترفيه لا انتظار بقايا شوكولاتة أطفالك! ولا تنتظر زميلتكِ الخُردة من منزلكِ! أما المحتاج، فهو محتاج لله وليس لك، فلتعلم عزيزي المتبرع/ المتّصدق أنما أموالك لله استأمنك عليها قال تعالى: ﴿وآتوهم من مال اللَّه الَّذي آتَاكُم﴾.[٥]

فيا ليت من تسوّل له نفسه البخيلة بفعل كهذا أن يخجل من نفسه ويدخل دون أن يحمل بيده شيئًا، فذلك أفضل من تقديم شيء يقلّل به من قيمة نفسه وصاحبه! أو ألّا يتصدّق ويُجنّب المحتاج هكذا مهانة، والله المغني.

لا أحد يموت جوعًا ولا أحد ينتظر منّة أحد وخاصّة أنت أيها المليونير لا تتوقع أن الناس

(٥) سورة النور الآية (٣٣)

تحادثك لحسابك في البنك! فترمي عليهم فتات خبزك!

الحمد لله الناس جميعًا "غنية نفس". والخير ولله الحمد كثير، فاحترم نفسك ولا تبخل إلا عليها.

لا أقصد أن كل مليونير بخيل طبعًا، ولكنها تراكمات أفعال من بعض الشخصيات المعروفة التي أصبح الكثيرون يشتكون من إهاناتها، وأذكر قول الله تعالى: ﴿لَن تنالُوا البِرَّ حتى تُنفِقُوا مِمَّا تُحبون وما تنفِقوا من شَيْءٍ فَإِنَّ اللَّهَ بِهِ عَلِيم﴾[٦].

ولله الحمد والشكر على كل نعمة كانت أو هي كائنة ظاهرة أو باطنة، وخاصة حُسن السيرة والذكر بين الخلق، فالجسد يفنى والذكر يبقى.

إيش رايك؟

(٦) سورة آل عمران الآية (٩٢)

إلى الراحلين

أنتم السابقون ونحن اللاحقون.

كل شخص لديه عزيز سبقه إلى الدار الآخرة، فقيد تشارك معه رَحِم أم، أو اسم أَب، أو ذكريات طفولة.

رغم صعوبة الفراق، وكثرة الاشتياق، واستحالة النسيان، تأتي آية ﴿كُلّ نَفس ذَائِقَة الْمَوْت﴾[7] لتذكرنا أن مصيرنا إلى ما صاروا إليه، عند مليك مقتدر كتب على نفسه الرحمة.

فما بالنا نبكي عند ذكراهم ولا نعمل للقياهم؟ هم ضيوف عند رب كريم، حثّنا على إكرام الضيف وهو أولى منّا بذلك، حاشاه -سبحانه وتعالى- أن يردّ من وقف ببابه ملتجئًا! فلم البكاء على من ندعو الله أن يكونوا في جنات الخلد برحمة الله الواسعة وشهادتهم بالتوحيد.

---

(٧) سورة آل عمران الآية (١٨٥)

أليس الأجدر بنا التعبير عن حبهم عمليًّا، بعمل خير نفعله فيكون المقابل كلمة تُثلِج الصدر رحم الله والديك.

بكلمة نُصح نخطّها، ننويها صدقةً جارية لمن رحل دون ترك ذرية بسقيا ماء، أو كفالة يتيم، أو تعليم طفل وغيره من وجوه الخير.

الأمر أسهل من ذلك بكثير، إذ تكفي نية الإخلاص بالعمل يوميًّا في ثواب من علّمنا وربّانا، ومن وجوه الخير حُسن التعامل مع الجيران، مع المغترب عن بلده، جبر الخواطر، إفشاء السلام، كثرة الابتسام! كلها صدقات تُحتسب عند الله في ثواب من علّمنا، ربّانا، أو من أحببناه فتركنا على عجل فأصبحنا نحن صدقته الجارية بدل ذريته!

إلى الراحلين الأحياء:

لا خوف على من سبقنا فهم عند من هو أرحم بهم من أمهاتهم.

إن دواء الاشتياق، هو الذكر الحسن للسابقين،

تذكُّر محاسنهم وجميل تصرفاتهم وأحلى نكاتهم وضحكاتهم،

أما الخوف فيكون على مصيرنا، هل من ذاكِر يذكرنا بخير حين يأتي أمر الله؟

هل نحن مستعدون ليوم لقاء الأحباب؟

إيش رأيك؟

من أنت؟!

هـوس الألقـاب والاعتـزاز بالاسـم بـدأ ينخـر في الأبـدان أشـدّ مـن فعـل السـوس، وبعيـدًا عـن المـوّال القديـم الـذي لم يَعُـد ينفـع للعـبرة والعظة رغـم حقيقـة أن نهايتنـا جميعًـا "في شـبر، بخرقـة بيضـا يـا دوب كـم مـتر!"

لكـن سـؤالي هنـا بـكل صـدق، مـن أنـت؟ تُقاتـل في الحيـاة وتُصـارع لتضـع بصمـة اسـمك في تقريـر في العمـل، أو رسـالة دكتـوراة، أو تـبرّع علنـي أمام المـلأ، أو كـثرة ذريـة، أو كـثرة عقـار وأمـلاك، ثـم مـاذا؟ نرجـع للشـبر!

مـن الخالـدون؟ لا باقـي إلا وجهـه -سـبحانه- ولكـن أقصـد مـا الأسـماء التـي خلدّهـا التاريـخ؟ إمـا أنبيـاء أو طغـاة! وفي عصرنـا الحديـث بقـي اسـم هتلـر، واسـم ملـك الهنـد الـذي بنـى تـاج محـل! واسـم سـتيف جوبـز معـروف والله أعلـم إلى متـى.

والمغزى، لكي يبقى اسمك -لو كنت من أصحاب عقدة الاسم والأنا- فيجب أن تكون في قمة الطغيان والفتك بالخلق حتى يذكرك التاريخ، أو أن تصنع شيئًا يغير اتجاه القطيع والنظرة المعتادة للبشرية، وبما أنه -للأسف- الأمل بظهور المخترعين والعلماء في عالمنا العربي بدأ يضعف في قلبي، وتبقى النظرة السلبية! فهل تنوي حقًا أن تكون طاغية ليخْلُد اسمك؟! الملك الهندي عذّب آلاف الفقراء بعمل متواصل ليل نهار لبناء قبر لزوجته! هل هذا عدل؟!

الفراعنة طغوا في الأرض واستعبدوا الخلق وعذّبوهم لبناء الأهرامات! أما غاندي وستيف جوبز وغيرهم، فيوجد لغط كثير حول شخصياتهم وإنسانيتهم رغم وجود أسمائهم في ذاكرة التاريخ.

فيلم الهوس بالاسم! لم التردد في الإقدام على أيِّ عمل إن لم يُحفر اسمك عليه؟ أليست نظرة

الله لعملك كافية؟ والأدهى والأمرّ الموظف الذي يتلقى أجرًا مقابل عمله، ويرفض الأداء بأمانة لأن اسمه لن يصدر مع العمل! أليس لراحة البال والضمير معنى؟

بدأت روح الجماعة تخبو، والعمل ضمن فريق تقّل جودته، لأن الخلاف حول "الأنا" أصبح ظاهرًا للعيان، حتى في الأزمات، حين يذوب معظم الجليد ويتّحد معظم البشر للبحث عن حلّ لمصير مشترك، تبقى "الأنا" هي المسيطرة لدى البعض الذي يرفض التعاون أو التنازل بحجة المصلحة العامة! حتى يضمن التصفيق بعد انفراج الأزمة!

لا أدّعي المثالية فكلنا بشر، ولكن هي محاولات لبثّ الواقعية في النفوس، فمهما كبرت "الأنا" ومهما عرف اسمَك البشرُ، فلن تكون ذا أهمية ما دمت لا تملك قرار دفع الأذى عن نفسك! ثم ماذا؟ من سيذكر اسمك؟ أبناؤك الذين سيلهَون بمشاغل الحياة؟ أم أحفادك الذين لن

يذكروا منك سوى اسمك، أم الجيل الثالث الذي سيُضطرّ لإسقاط اسمك من جواز سفر أبنائه! ثم تُنسى!

ازرع اسمك في سجلات الملائكة بعمل صالح نساه الناس وذكرته صحائفك!

فكم من مجهول في الأرض معروف في السماء!

اعمل بإخلاص -دون الحاجة لإبراز اسمك على العمل- وستردد السماء الصدى.

مجرد خواطر تمرّ على الخاطر.

زوال الفرصة وذهاب الخير المقبل

منذ المرحلة الابتدائية أو حتى قبلها، رُدِّدت على مسامعنا قصة الأب الذي أمر أبناءه بإحضار حُزمة من العصّي، وطلب من كل واحد منهم كسر عصا واحدة منها، فيكسرونها بسهولة، ثم أعطاهم حزمة من العصّي، فلم يستطع أحد كسرها.

مع الوقت وتطور أدوات التعليم بدأت تتلاشى القصة ويحلّ محلها قصة نجاح "شايب كنتاكي"، وستيف جوبز، وصاحب فيسبوك، و"الفاشنيستات". قصص نجاح فردية، وفعلًا بدأت تؤثر في العقل البشري وتغذِّيه بأوهام جعلته يقتنع بقدرته الذاتية لتحقيق كل شيء دون الحاجة لغيره! فبدأ نظام الغابة يسود، وازداد إيمان البعض أن البقاء للأقوى، فإن لم تكن ذئبًا

أكلتك الذئاب، وجمل وأمثلة ما أنزل الله بها من سلطان.

نسي البشر أن الله كرّمهم عن سائر خلقه، ومع ذلك اختاروا مقارنة أنفسهم بنظام الغاب والعيش به!

قال تعالى: ﴿واعتصموا بحبل الله جميعًا ولا تفرقوا﴾[8] يردد المسلمون الآية في كل ختمة قرآن في شهر رمضان ومع ذلك تبقى القناعة لدى البعض أنه أنا القائد وأنا المسيطر وأنا العقل الفذّ! قال تعالى: ﴿ولا تنازعوا فتفشلوا وتذهب ريحكم﴾[9]، ليس الفشل فقط عاقبة الخلاف والنزاع ولكن زوال الفرصة وذهاب الخير المقبل!

يا ترى هل كانت صخرة القمة ستبقى على قمة الهرم لولا طبقات الصخور التي تستقرّ أسفل منها وتساندها؟ يا ترى هل كانت

(٨) سورة آل عمران الآية (١٠٣)

(٩) سورة الأنفال الآية (٤٦)

الوردة ستنمو لولا أغصانها التي تربطها بالجذور وتغذيها بالماء!؟ هل كان الرز سيصبح "مچبوسًا" لولا الملح والبهار والماء وحتى النار والقدر؟!

فكل خيط في قماش يصنع تفاصيل أروع سجادة، لكن الخيط وحده لا قيمة له!

كل شخص له دوره في الحياة وبإتقاننا لأدوارنا واحترامنا لدور الآخر، ويقيننا أننا جميعًا بالأهمية نفسها وليست الصخرة على القمة بأفضل موضعًا من صخرة الوسط أو الأساس!

وإن باعد الوضع الكوروني بين أجسادنا، يبقى الودّ والاحترام والثقة موجودين. الثقة بأنني إن نمت، يوجد من يسهر على راحة نومي، يوجد رجل أمن يحافظ على أمن بلدي، وممرضة ترعى المرضى، وحاكم عادل ينصفنا جميعًا. فأستيقظ صباحًا وأؤدي دوري بإتقان؛ ليثق رجل الأمن والممرضة وساعي البريد والمعلم والمحاسب أنني في مجالي أؤدي دوري

لـكي أخدمهـم كـما خدمـوني. سيشـعّ نورنـا ومعًـا نصبـح خـير أسرة معطـاءة محبّـة وخـير بلـد وخـير أمـة.

يـا تـرى ألم يـأنِ أن نـرى الصـورة كاملـة بـدل التركيـز الضيـق المحـدود في مكاننـا في الصـورة؟

إيش رأيك؟

إحقاقًا للحق

من أفضل الجهاد، قول كلمة الحق.

ضجّت مواقع التواصل الاجتماعي في بلدي بخبر رفض جهة ما إعطاء عامل وجبة إفطار صائم، وانهال الناس نقدًا للتصرف الفردي الظاهر للعيان، وزادت أيادي الخير بالتبرع العلني للعامل كإعلان لرفضهم للتصرف الحاصل وتعاطفهم مع العامل.

التصرفات بطولية لوهلة، و"الشوشرة" الضجة في الموضوع تميل بتفكير الشخص لرأي الجماعة؛ لذلك أحببت رؤية الموقف من الجانب الآخر.

عند هجرة رسولنا الكريم -صلى الله عليه وسلم- سرًا متخفيًّا مع صاحبه أبي بكر الصديق، ترك خلفه ابن عمه علي بن أبي طالب ليؤدي الأمانات إلى أهلها!

وعندما جاء أبرهة بالفِيَلة لهدم الكعبة خرج عبد المطلب جدّ رسولنا الكريم لأداء الأمانات

الى أهلها قبل قيام الحرب! فاستغرب الناس من تصرفه في هذا الوقت ورد عليهم بجملته الشهيرة قائلاً: "للبيت رب يحميه".

أما تشعرنا هذه المواقف التاريخية، من قبل الإسلام وبعده بأهمية أداء الأمانة؟

تقوم مشاريع إفطار صائم في البلاد على نفقات المحسنين المتبرعين بنيّة إفطار الصائم، والصائم في شهر رمضان هو المسلم المؤدِّي لفرض الله طاعة ويقينًا وإيمانًا. وأجر من فطّر صائمًا مذكور في العديد من الأحاديث النبوية.

فهل يجوز لمؤتَمَن على أمانة مِن غيره، التصرف في أموال الناس وأماناتهم بغير ما طلبوه منه وعقدوا النية عليه؟ وهل يجوز لشخص حرمان المتبرع بنيَّة إفطار صائم وأدائها كصدقة؟

وعلى الرغم من عدم اتفاقي مع تصوير مظاهر الإحسان لأن فيه مهانة لمستقبله، فإنني أرى أن الرجل كان يوثّق أداءه للأمانة بأمانة. قد يكون أطعم الشخص من ماله الخاص أو

مـن أمـوال الصدقـات التـي تـؤتى للمسـاكين، أو قـد يكـون مجتهـدًا وأخطـأ وعلينـا تنبيهـه بـدلًا مـن محاولـة الصعـود عـلى كتفيـه لإظهار(الأنـا) المضمـرة في الصـدور!

لذلـك أرى أن التصـدق لإطعـام صائـم يكـون للصائـم مـن بـاب أداء الأمانـة.

أمـا بالنسبة للمتبرعـين علنًـا للعامـل فلـن أدخـل في صـدق نواياهـم مـن عدمـه، ولكنّـي أرى أن أفضـل الإحسـان هـو مـالم تعلـم بـه يـدك اليسرى حـين تقدمـه بيـدك اليمنـى! فلـم التفاخـر يـا تـرى بالصدقـة؟

وأمـا عـن البرنامـج التجـاري الـذي تـبرَّع للعامـل وكل مـن يوصّـل لـه، أرى أنـه اسـتغل موقـف النـاس منـه وتعاطفهـم معـه، وكانت حركـة دعاية وإعـلان جريئـة لكنهـم أخطـؤوا في تقديرهـا.

لنحـاول أن نـرى الأمـور مـن زوايـا مختلفـة، الحمـد للـه أيـادي الخـير -خاصـة في شـهر الخـير- دائمًـا معطـاءة، والحمـد للـه مـا شـكا أحـد جوعًـا

أبدًا في بلادنا والفضل كله لله، لذلك أرجو عدم محاولة الصعود على أكتاف من حاول واجتهد وأخطأ، فالقائم بتوزيع الوجبات متبرع بوقته وجهده أيضًا.

وأخيراً ربنا أعلم، هذا رأيي.

بين الذاكرة والآن..

في الذاكـرة: مـن بعـض ذكريـات الطفولـة استيقظت يومًا عـلى بـكاء ابنـة عمـي وقلـق أمي الواضـح! كان أبي كالنحلـة يـدور في أرجـاء المنزل كلـه، يـا تـرى مـا الحاصـل؟ سـألت ولكـن مـا مـن مجيـب. ثـم زادت المكالمات الهاتفيـة بـين الأهـل، التلفزيـون لا يُغلـق أبـدًا والصحـف مبعـثرة في كل مـكان! وقعـت عينـاي عـلى العناويـن فجـأة! غـدر الجـار بالجـار والحـرب قادمـة!

الآن: في زمـن آخـر وبعمـر مختلـف، في مـكان بعيـد خـارج حـدود الوطـن في إجـازة قصـيرة، كنـت أتمـشّى مـع صديقـاتي وإذا بالهاتـف يـرنّ دون انقطـاع، والرسـائل تنهـال مـن كل قريـب، صديـق وحتـى بعيـد! أمـل، "رجعـي البـلاد!"، "غـيري رحلتـج؟ قدمـي الموعـد ولـو سـاعة!". ولأني لا أتابـع الأخبـار وأنقطـع تمامًـا عـن العـالم وقـت الإجـازة، لم أسـتوعب الحاصـل! فلجـأت إلى

الجريدة الإلكترونية هذه المرة، وإذا بالخبر: غُدِرَ بالعالم، وتفشّى الوباء!

في الذاكرة: أهلنا، أحبابنا، خليجنا كله! ما الذي حصل؟ شُلّ الجيش وتبعثرت القوى الأمنية، أغلقت الحدود ماعدا الطرف البري الملاصق للخليج، المذياع لا يصمت أخبار وأخبار ثم أغانٍ وطنية "وطن النهار" وأنا لم أكن مستوعبة معنى غزو أو غدر! لكن عرفت أنه بالعزيمة والإصرار سترجع الديار.

الآن: قدّمت رحلتي، العيون تعكس خوف الناس من بعضها، "ولا حد يبّي يقرّب من الثاني، أكبر التهم الحين صارت كحّة في مكان عام! وصلت البلاد وثاني يوم تسكّر المطار!" "وانتشرت القوى الأمنية، أُرهق الطاقم الطبي، والتلفزيون ثابت على القنوات الإخبارية، الرسائل تنقل أعداد الاصابات اليومية والناس تتبادل أغاني وطنية "لجل الوطن كلنا في البيت".

اختلفت الأزمنة واختلف العدو، لكن بقي الغدر عاملًا مشتركًا.

أُرهقت الجهات الرسمية إذ استُنفرت في محاولات إنقاذ وفرق طوارئ، وبحث وتقصٍّ. ويظلّ الخائن واحدًا؛ الذي استسلم للعدو وباع الوطن والأهل أو الذي لا يتّبع الإجراءات الاحترازية، في الأولى يوصِّل لهم جيشًا وفي الثانية ينقل لهم مرضًا!

في الذاكرة: وفي شدّة الأزمة، بسرعة بديهة وقوة إيمان وإصرار ونوايا مخلصة تجمَّعت قلوب شابة منقطعة عن العالم الخارجي لكن متصلة بحب الوطن، يُسمَّون المقاومة!

الآن: مع الوباء المجهولة طبيعته تجمعت كوادر مختلفة بتخصصات مختلفة وقدرات شتىّ، محرِّكهم الأساسي حب الوطن ومن عليه وقلوب حيّة مليئة بالإخلاص يُسمَّون المتطوعين!

هذه الفئات محرِّكها الأساسي غريزة الحب والحماية لأوطانهم وأهلهم، لا يرجون جزاء ولا شكورًا، يغامرون بأرواحهم ضد عدو

غدّار، سواء بسلاح أو بفيروس قاتل! لا تراهم عيون البشر وغير معروفين للشعوب ومع ذلك يُعطون ويُنجزون! تسقط أرواح بعضهم في الحرب، ومع "الڤايروس" يُصاب بعضهم وقد يحمله لأهل بيته. ومع ذلك لم يتردّدوا في العطاء رغم المخاطر، وقلة المعلومات. فالأعداء الغدّارون لا يُتنبّأ بتصرفاتهم.

في الذاكرة وللآن: خلّد التاريخ أسماء المقاومين ولازالت الشفاه تترحّم على الشهداء منهم، ويرفع الرأس كل من حمل أسماءهم، أو حملوا هم اسمه.

الآن وللذاكرة: تحفر الأيام أسماء المتطوعين ويدعو الناس لكل منهم بالحفظ والسلامة، فهم غير مجبورين على أداء خدمة أو تلقي أوامر، وغير مأجورين من بشر ولا متطلعين لمنصب.

في الذاكرة: استردت المقاومة بلد إخواننا المغزوّ، فهم أساس النصر بعد مساعدة جيش التحالف.

الآن: سيردّ الله البلاد ويحمي العباد وسيُذكر المتطوعون مشكورين، وستعود الحياة لطبيعتها.

في الصفـوف الأولى في الحالتـين، يتفـانى الجميـع في أداء عملهـم الـذي تدربـوا عليـه واسـتعدوا لـه مـع تلقـي راتـب أو حتـى مِنَـح إضافيـة وتقديـر مـن الحكومـات.

أمـا أفـراد المقاومـة والمتطوعـون فـلا يسـعني غـير أن أقـول لهـم: شـكرًا ثـم شـكراً ثـم شـكرًا لكـم عـلى نواياكـم المخلصـة وسرعـة بديهتكـم.

اختلفـت الأزمنـة واختلفـت المعطيـات واختلفـت الأعـداء، ولكـن تشـابهت المقاومـة والمواجهـة:

غزو جيش

غزو ڤايروس

غدر جيران

غدر غير ملتزمين

يواجهها:

مقاومة

متطوعون

رائحة أمي

كل أم ولها طريقتها في تربية أبنائها، ترسم لها صورة أمام الأبناء تكون فيها الشديدة بحنان، المسؤولة ببعض التراخي، جادة، حازمة ولها كلمتها بكل حب.

في الوقت نفسه تأتي ظلّ الأم التي هي الخالة، "تدلّع وتطبطب وتلعِّب وتتشيطن وتكون بعمرنا مهما كان فرق السن بينّا! خالتي! ومِنْ مثل خالتي؟" بالتأكيد أننا كلنا لدينا الشعور نفسه، "خالاتنا ما في مثلهم!"

الخالات هنّ خوف الأم ومبادئها وأخلاقها وفي الوقت نفسه شباب الأطفال وصحبتهم وكاتمة أسرارهم.

هي الجوكر التي تثق فيها كل أم على أبنائها؛ لأنها تعرف أن أختها سندها ومُعينها وستنصح أبناءها النصيحة نفسها لكن بأسلوب آخر، وفي الوقت نفسه يلجأ إليها أبناء الأخت يلعبون

معها "ويساسرونها ويقولون اللي يستحون يوصلونه لأمهم لاحترام هيبة ومقام العلاقة".

لم أر خالتي منذ ثلاث سنوات! لكن ذكرياتنا وضحكاتنا "للحين مزروعة في بالي، المقالب اللي أسويها فيها وردود أفعالها للحين هي تسليتي"، علمتني الذي لم يعلمني إياه أحد بقصص لا تُقال، وتنازلات ولا على البال.

تعرف دائمًا ماذا أحب وكلما دخلت بيتها، "طبختي المفضلة تكون على السفرة"، ووصفاتها الطبيعية لكل شيء تكون موجودة، وحتى انتقادها تصرفات بعض الأهل تكون من باب التعليم "مب الحش!"

"تعبانة خالتي!" ومع كل نفس تأخذه وهي في العناية المركزة، أو يُعطى لها دون إرادتها، أدعو ربي بكل بسمة رسمتها على شفتيّ أن يهوّن عليها.

"تعبانة خالتي!" ووصلت للعناية، وصورتها في ذاكرتي إلى الآن بضحكتها وحكاياتها وصحتها،

تعبت منذ ثلاث سنوات ورب ضارة نافعة!
"يمكن خيرة إني ما أشوفها بتعبها، وبس أذكرها بصحتها وبَسمتها".

دخلت مرة على خالتي وهي تُطرّز الأحجار اللامعة على "الجلابية عشان تخليها تبرق، قلت لها: يا بختج تتدلعين واختج (أقصد أمي) في الغربة بروحها تربي عيالها".

وقعت الإبرة من يدها وبدأت تبكي وتقول "واعليَّه على إختي! ليتني عندها أعاونها!" مع أن ضحكي أكّد لها أني أداعبها وأن ذلك أحد المقالب التي أدبّرها لها دائمًا، لكن قلبها الطيب تذكر كل سنوات غربة أختها عنها!

مَنْ مثل خالتي؟!

وصلنا لزمن يصعب عليّ فيه الأبناء الذين لا يتواصلون مع خالاتهم، ويشعر فيه الوالدان أنهما كافيان لأبنائهم!

الخالة هي الناصح والسند، هي "الضحكة والهون"، هي "ريحة" أمي وضحكتها وخوفها

علـيّ دون شـدّة ولا قوانـين!

تواصلـوا مـع خالاتكـم، وقرّبـوا أبناءكـم مـن أخواتكـم، لأنـه لا صديـق ولا مدرسـة ولا جـار "كـبر بنفـس تربيتكـم وبينصـح عيالكـم نفـس نصيحتكـم إلا خالاتهـم".

أدعو الله أن يحفظ خالتي ويهوِّن عليها.

ويحفـظ لكـم خالاتكـم وأخواتكـم، وخـالات أبنائكـم.

إيش رأيك؟

أخوات، ولكن

تطلُّع وتنسيق واستجمام وخمول

أربع أخوات توائم، كبرن في بيت واحد وتربّين التربية نفسها، لكن كل واحدة منهن كانت لها شخصية مختلفة. تطلُّع نهِمة في القراءة والكتابة، "تحب تتعلّم شي عن كل شي وكل شي عن شي!" مقتنعة أن كل خطوة تخطوها ستقود لشيء جديد ومن الممكن أن يتعلّم غيرها من خطواتها، باختصار تطلُّع كانت تمشي وترمي البذور، لا تفكر متى ستنمو أو متى ستُحصد؟ "تظل ماشية ولا يوقفها شي وفي الطريق تنثر البذور بدون ما تلتفت ورا". تنسيق كانت تقرأ وتقرأ وتقرأ، وتناقش تطلُّع في قراءتها، وتشجعها على الكتابة أكثر، كانت "تمشي رايحة وراجعة ورا بذور تطلُّع"، تسقيها وتهتم بها، "توصِّل بمشوارها لبعيد وترجع تسقي البذور اللي انزرعت وأثمرت"،

وتغـذّي الـزرع بالسـماد وتسـقيه بالمـاء ثـم تحصـد الثمـر.

أمـا استجمام فكانـت تجلـس عـلى كرسي هـزّاز في الحديقـة، "تشـوف خواتهـا وحـدة تغـرس البـذور والثانيـة تحصدهـا"، وهـي مسـترخية ومسـتمتعة بـأكل الثـمار التـي زرعتهـا أختاهـا وبـين كل وقـت ووقـت تحثهـما بكلمـة محفّـزة، وتصفّـق لهـما مـن بعيـد مشـجعة وتكمِـل اسـترخاءها.

خمـول شـخصية مختلفـة جـدًا عـن أخواتهـا الثـلاث، "لا مـن خيرهـا ولا كفايـة شرهـا!" تقـود دراجتهـا وتـدوس الحشـائش وتدمّـر الـزرع، وتقطـف الثمـر في طريقهـا "وتـاكل وتحـذّف يمـين ويسـار". لا تُقـدّم المسـاعدة ولا التشـجيع! بـل تفعـل العكـس "تـأذّي خواتهـا وتعيـق حركتهـم وحتـى تقدّمهـم!" هـي الـشرّ بعينـه!

كلنـا مـن آدم وحـواء -عليهـما السـلام- وكرّمنـا الله عـلى باقـي خلقـه بالعقـل والفكـر، ونحـن والحمد للـه ولدنـا مسـلمين، وتربينـا عـلى تعاليـم القـرآن

والسنة النبوية، لكن "مب كلنا كبرنا بنفس الشخصية!"

البعض يعمل ويعمل لوجه الله لا يريد جزاء ولا شكورًا ويُعَدّ عضوًا فعّالًا في المجتمع، فهو مؤثِّر في الأجيال ويترك إرثًا لا يراه.

والبعض يدقِّق في العمل وينسِّق ويجتهد ليحصد الثمر ويشاركه مع غيره؛ لأنه عضو مهم وفعّال في المجتمع وضروري لاستمراريه الحياة.

أما من بقيَ فهو على يقين أن رزقه سيأتيه تعِبَ أو لم يتعب، اجتهد أو تكاسل، سواء بكفالة أهله له، أو تكفُّل حكومته به. إنه عالة على غيره، يُتَصبَّر عليه بصلة رحم أو مسؤولية مجتمعية. هذا البعض مؤذٍ ومن الضروري إزالته من التربة حتى لا يُفسِد المحصول! هو الذي يؤذي من يعمل ويؤذي من يحصد! هؤلاء كرَّسوا حياتهم لإثبات أن كل ناجح على خطأ وكل مستقيم له ظلّ غير

واضح وكل بني آدم له زلّات.

هذه النوعية أسأل الله أن يقيني وإياكم شرورها وألا نكون مثلهم في نظر غيرنا. اختلافنا كبشر سبب جمالنا الذي يضيف للحياة روح الاستكشاف والمغامرة، لكن لنتذكر في النهاية أن التقوى هي الميزان.

تقبل الله طاعتكم.

إيش رأيك؟

دعوة لمسؤولية مجتمعية

فُرجت، ومن الله الفرج.

الحمد لله أولًا وأخيرًا، بدأت تنقشع الغيوم وتظهر الشمس ويغرِّد الطير ويخرج العالقون من منازلهم. بدأت الحياة تعود للحياة.

﴿وما رميت إذ رميت ولكن الله رمى﴾[10]. سيعود الناس بشوق للتفاني في أعمالهم، وسيعود التجار بعروض تروّج لبضاعتهم، وسيعود كل شيء -بإذن الله- في وقته، ستُفتح المطاعم والمقاهي ومراكز الترفيه ونوادي الرياضة.

فمع إعلان إدارة الأزمات لمراحل الافتتاح التدريجي للقيود وضحت الرؤيا للجميع وبدأ الناس بوضع خططهم. الافتتاح التدريجي مُجَدوَل بدقة بتواريخ معينة لكل مرحلة من مراحله. فالجميع يحفظ تاريخ كل مرحلة

---

(١٠) سورة الأنفال الآية (١٧)

وتقريبًا كل ما فيها.

هل يا تُرى يفهم الأطفال ذلك؟

أرى أنها مسؤولية مجتمعية لإقامة عرس مجتمعي كبير بتباعد واضح وأفكار مبتكرة لإظهار مشاعر الفرحة الغامرة.

رأى الأطفال الخوف والقلق في أعيننا ورأوا الكمامات والقفازات والمعقِّمات، بل وشاركونا استخدامها!

أليس حقًا لطفولتهم أن يروّا البالونات والضحكات والرقصات؟

ولرسم البسمة على شفاه الأطفال مرة أخرى هذه بعض الأفكار التي أقترحها:

الفكرة الأولى: صعود العائلات إلى أسطح المنازل وإطلاق بالونات غاز في الهواء في وقت واحد في المرحلة الأولى من مراحل الافتتاح التدريجي.

الفكرة الثانية: زراعة بعض الأعشاب في جرّة فخار أو سلال الخوص من اليوم، ثم رميها في البحر

ابتهاجًا وفرحًا برؤية البحر، مثل "الحِيّة بِيّة"؟

الفكرة الثالثة: طباشير لكل عائلة، قيام أفراد العائلات برسم رسومات تشجيعية ومبتكرة على حوائط بيوتهم لجيرانهم وأحبابهم بألوان زاهية وتعابير مشجّعة.

الفكرة الرابعة: تغيير الملصقات المشتملة على عبارات التوعية التحذيرية إلى عبارات شكر على الالتزام، والاستغناء عن صور الكمامات بإضافة رموز للابتسامة والانتصار.

الفكرة الخامسة: فلنبتكر...

"إيش ذنب اللي تخرج السنة من الثانوية ما يحتفل ؟"

"إيش ذنب اللي انولد "بچر" والدينه في هالظروف ما ينفرح فيه؟ ما بقول إيش ذنب اللي تزوجوا، لأن كان عندهم خيار يأجلون بس حبّوا يوفرون".

لدينا إمكانيات مهولة وطاقات بشرية لا تُقارن

بغيرنا، فلمَ تنقصنا الهمّة؟ والإبداع في الفكرة؟ لم لا نعمل للاستمتاع بنشر الفرحة؟

ليس ضروريًّا ربط كل إنجاز بالمال أو بالميزانية الكبيرة، أو حتى وجود منظومة عمل تقود مشروعًا ممنهجًا، إذ يمكن لبعض الأمهات تعبيراً عن فرحتهن أن يبتكرن فكرة معينة تلقى استحسانًا في المجتمع بأكمله. كذلك يمكن لبعض الشباب الواعي الإعلان عن فكرة مسابقة لأبسط احتفال منزلي، ومن على أسطح منازلنا نعلن فرحتنا.

مَن المتوقع أن يقوم بمبادرة مثل هذه:

١. مِنَ المجتمع للمجتمع؟

٢. الأمهات العاملات وربات البيوت؟

٣. شباب الجامعة الواعي المثقف القادر على الابتكار؟

٤. المعلمون والمعلمات الذين لديهم إلمام بأساليب الترفيه الحديثة للأطفال؟

٥. كل فرد في المجتمع قادر على نشر البهجة والفرحة بأسلوب رمزي بسيط يعلن فيه لأطفال مجتمعه "تطمَّنوا فكلنا بخير".

لا أرى أنها ترف لكن أراها ضرورة إنسانية ملّحة، ضرورة تقي نفسيات العديد من التدهور والوقوع في دائرة الخوف والوسواس، إنها ضرورة تحتِّمها علينا مسؤوليتنا كبالغين نحو الأطفال، فكما قيّدناهم تدريجيًّا بالقيود لمصلحتهم ضد عدو لا يرونه، يجب علينا أن نعلنها لهم وعلى الملأ بأننا انتصرنا.

"ضروري نرجع نسلمّ باليد، ونتواصل ونبتعد شوي عن النت اللي أسرنا الفترة اللي طافت!"

إنه أمر ضروري أن يذهب الأب إلى المسجد ويصطحب أبناءه معه حتى لو كان مقصِّرًا في الصلاة في المسجد من قبل "لكن الحين دوره مضاعف فوق صلاته تقوية صلة عياله بربهم"!

وحين نعود لأعمالنا، نثق أن هناك طاقمًا طبيًّا

وإداريًّا مسؤولًا عن دراسة الموجات الأخرى -لا سمح الله- للفايروس.

فبذلك يكون كل منا يؤدّي دوره. فلنحيا ما دام في العمر بقية، ولنضحك ما دام القلب ينبض فمن المهم زرع الأمل لا الخوف، فما أضيق الحياة لولا فسحه الأمل!

فلنفكر، ولنبتكر فكرة العرس المجتمعي لنا ولأطفالنا.

وشكرًا منا لكل وزارة وإدارة حكومية وأفراد متطوعين أخذوا على عاتقهم حمايتنا، فلنضع في ابتكاراتنا فكرة إبهاج أطفالهم وأطفالنا.

ومبارك عليكم الحياة، عسى ربي يتممها لنا بخير.

في رياض الأطفال، ٤/١

أبلة نرجس، صديقتي ومدرِّسة رياض أطفال، نجتمع معًا كل يوم ثلاثاء، نشرب قهوة في مكان هادئ ونحلل الأسبوع الذي مرّ من حياتنا، طبعًا هو ليس تحليلًا "كثر ما هي سوالف وأخذ وعطا". الصديقات هن جامعات الحياة التي لا نتخرّج منها.

مع رائحة القهوة التركية، وشيء من الموسيقى في الخلفية، وضجيج الناس المجتمعة، ضحكات وكلمات متداخلة، ومع أصوات الصحون والأكواب تدخل كلمات نرجس دائمًا بتأثير ينسيني الجو الذي أكون فيه: " أمل متى كانت آخر مرة سويتي شي في خاطرج بدون حسابات؟"

فكرت قليلًا، وقليلًا، وزاد تفكيري وصمتي إلى أن أكملَت: إنه أمر عادي يا أمل، لا تكوني قاسية على نفسك، لست أنت وحدك، فنحن

كلنا "نفلتر" كل فكرة تخطر على بالنا بمليون حساب وحساب فيكون الأسهل لنا أن نلغي الفكرة بدلًا من إرهاق عقولنا بالعمليات الحسابية التي نقوم بها!

إن كانت دعوة إلى وليمة، من الذي سيغضب إن لم تشمله الدعوة؟ ومن الذي لن يحضر إن دعونا شخصًا ليس على وفاق معه؟ وإن كانت سفرًا أين ومع مَن وبكم وما المدة؟ وإن كان مشتريات، كم سعرها؟ "ولماذا ولأي سبب؟ وتطول القائمة! من أصغر الأشياء إلى أكبرها! لدرجة أني أعرف صديقة، تستخير قبل أن تشتري حذاء! أعزّك الله! تقول: "يمكن أتحرول وأنا لابسته وتنكسر رجلي! فالله أعلم بالخيرة وين!"

لقد صعّبنا علينا حياتنا كما فعل اليهود الذين صعّبوا على أنفسهم بكثرة الأسئلة عن البقرة، وعن شكلها وعمرها ولونها! وألزمهم الله بما ألزموا فيه أنفسهم.

يتصرّف الأطفال على طبيعتهم وفطرتهم،

وعادةً فطرتهم تنجيهم وملائكة الرحمن تحفظهم !

يا ترى هل الطفل الذي بداخلنا حيّ إلى الآن؟ هل بإمكاننا أن ننعشه ليشعرنا بحلو الحياة وقلّة التخطيط.

طبعاً أنا مؤمنة أن الفشل في التخطيط هو التخطيط للفشل! لكنّ لكل مقام مقالًا، هذا فقط في الجوانب المهنية، التي تستند إليها مشاريع مستقبلية وموظفون ومسؤوليات. لكن الإنسان الذي بداخلنا، بعد أوقات الدوام الرسمي هل يمكن أن يُوقظ الطفل الذي بداخله ويعيش بروحه وتفكيره؟

الأطفال هم أكثر الناس تأثرًا واستمتاعًا بالعزل الكوروني، تفكيرهم يحاول الوصول إلى سبب معقول لما يحدث، وعندما يتعبون من التفكير، يلعبون أو يفكرون في هدايا ومفاجآت وحكايات لأول يوم يعودون فيه إلى الحضانة. هي فطرتهم التي قتلناها فينا.

هي حق التوكل على الله وأن كل شيء بحوله وقوته -سبحانه- ، بعد إعطاء المدة المعقولة والمقبولة للتفكير في الموضوع.

كم واحد فينا أقام أمام قنوات الأخبار منتظرًا بشارة اكتشاف علاج الكورونا؟ كم واحد كان ينتظر التقرير اليومي ويحسب عدد الحالات؟ كم واحد انشغل بنفسه رغم أنه يمتلك الوقت لفعل الأشياء التي كان يبحث عن وقت لها؟ كم واحد فكّر في المشهد كاملًا، وكأنه المتفرج على مسرحية فيها الخائف، المنتظر، المتجاهل، والشغول بدون أيّ ردة فعل سوى مقارنات ردود الأفعال محاولة لفهم الوضع؟!

ببساطة متى كانت آخر مرة عملت فيها شيئًا يسعدك دون عملية حسابية؟

ندعو الله أن يفرِّجها علينا جميعًا بعافية، ونحيي روح الطفل الموجودة بدواخلنا.

تأثير الكلمات، ٤/٢

طبعًا، لا يكفي فنجان قهوة واحد مع نرجس، يذهب كوب فارغ ويرجع كوب ممتلئ، وتغيّر الزبائن الذين كانوا إلى جانبنا ثلاث مرات! ولم نشعر بالوقت ولا بهم.

بدأت نرجس تعبّر عمّا في بالها. أمل، عندي طفل في الفصل، ما شاء الله تبارك الرحمن، كلما تكلم أذكر الله عليه أخاف أن أحسده! "هل هو مخلوق فطين وإلا يدرس من وراي وإلا حد دازّه عليّ يختبر صبري ومعلوماتي؟!"

جاءني في يوم من أول الصباح يصرخ بحماس: "أبلة نرجس، أبلة نرجس!!" خفت وقلت في نفسي ربما ضربه أحد الأطفال ويريدني أن أساعده! قلت له: "خيرًا حمودي، ماذا بك يا حبيبي؟" فردّ قائلًا: "أبلة، ألست أنت التي تعلميننا الحروف والأرقام والألوان والأشكال!؟" أجبت: "نعم يا محمد، أنا، لماذا؟" "عيل ليش نسميج أبلة، ما نسميج معلمة؟ المعلمة هي اللي تعلّم صح!"

شعرت وكأنه سُكِب عليّ ماء بارد! بماذا أرد عليه؟ ماذا أقوله؟ لا أدري من أين جاءت "سالفة الأبلة هذي!"

أردت إنهاء الموضوع، "أوكي محمد قول لي معلمة نرجس ولا يهمك!"

وطبعًا كان هذا المشهد وسط ساحة المدرسة والكل يتابع ويسمع! حاولت بسرعة أن أشتت انتباه الأطفال وأدخلهم إلى الفصل قبل أن يأتيني السؤال الثاني، حفظت هذا الولد -ما شاء الله عليه- تأتي أسئلته ثلاثة متتالية. واليوم الذي لا يسألني فيه أيّ سؤال يجعلني أكلم نفسي فيه، أرسله للممرضة لتقيس حرارته! أخاف أن يكون مريضًا!

أخذت أشجع الأطفال ليدخلوا إلى الفصل، ثم جاءني السؤال الثاني الذي كنت أنتظر طرحه! "معلمة نرجس، معلمة نرجس!"

"نعم يا محمد!"

"معلمة، أليس الطبيب هو الذي يطبّب

الجروح ويداوي المرضى؟"

"صحيح يامحمد". إذًا لماذا نقول له دكتور لا نقول له طبيب؟ الدكتور "يدكتر شنو!"

بدأ ضغطي يرتفع! يا أمل مشكلتي مع محمد أنه يسأل كل الأسئلة الصحيحة بكامل فضول الطفولة، وببراءة تجعلك ترغبين فقط في أن تحضنيه وتضحكي! لكن في الوقت نفسه الأجوبة عن أسئلته تُحرج! هل أقول له: "تأجنبنا" ونقول دكتور مثل الإنجليز!

"خلاص يا محمد قول طبيب، إنت صح".

هيا ليذهب كل واحد منكم إلى طاولته، والتزموا الهدوء، سنبدأ الدرس.

"معلمة معلمة، آخر سؤال لو سمحتِ."

"قل يا محمد"، أجبته وأنا أصرّ على أسناني وأصبِّر نفسي.

قال: "في الصباح نفطر وفي الظهر نتغدى وفي الليل نتعشّى، صح معلمة!"

"إي صح يا محمد".

”أليس الفطور الذي بعد الصيام، والغِذاء: يغذي الجسم وهو المفيد والمطلوب، والعِشاء: نصلى العِشاء وننام ليس غذاء للجسم، لماذا يأكل الناس في كل وقت طعامًا لا يغذي أجسامهم مثل طعام الغداء!؟“

”بالله هذا الحين شاقول له؟!“ تسألني نرجس وأنا ”رقّعتها“ خذلتها عن غير قصد -إن جاز التعبير- فقد ضحكت بصوت عالٍ نسيت فيه أين أكون، ونرجس تتكلم بكل لغة الجسد وتحرّك يدها وتسألني بكل صدق.

أمل، لقد جعلني هذا الطفل أبحث عن أصل كل كلمة ومن أين أتينا بنظام الثلاث وجبات عندما كان الرسول -صلى الله عليه وسلّم- يعيش على ”الأسودين“ التمر والماء! لقد فتحت أسئلته أمامي أبوابًا أخاف أن أغرق فيها! لكن في الوقت نفسه لا أرغب في أن أطفئ حماسه ولا أن أجعله يتردد قبل السؤال أو حتى يكون طفلاً عاديًّا مثل بقية الأطفال، تميّزه في اختلافه.

نبّهني كلام نرجس إلى نظامنا التعليمي، هل نستطيع فعلاً أن نغيّر نظرية أو فكرة بناء على جملة قالها طالب وكانت صحيحة، أو نبّهتنا إلى أننا غيّرنا المسار الفِطري لمشانا! يا ترى هل صرنا نستنسخ الأجيال بالحشو العلمي المعتاد نفسه، وإلا علينا أن نطوِّر العلوم مع تطوِّر الأيام والأجيال؟

السؤال الأهم: هل نحن كأفراد نتّصف بالمرونة كفاية لدرجة تجعلنا نعترف أننا عندما لا نعرف معلومة ونبحث عنها من مصادرها، وبناء على ما نكتشفه نغيّر رأينا أو نثبت عليه؟ "والا خلاص مع شهادة التخرج وقّف البحث وقّف الفضول، ووقّف السعي لعلوم زيادة؟"

اطلبوا العلم من المهد إلى اللحد.

إيش رأيك؟

الوفرة هي أساس الوجود، ٤/٣

في منتصف حماس نرجس بالكلام وقف النادل إلى جانب طاولتنا بابتسامة وورقة الفاتورة التي لم نطلبها، التفتّ حولي، جهة آلة البيانو كانت العازفة تغلق حقيبتها، ونادل آخر يقلب الكراسي على الطاولات! اعتذرت بحياء للنادل على التأخير، لكنه ردّ بأدب وقال: "على العكس كنا مستمتعين بوجودكما لأننا كنا من بعيد نحاول أن نخمِّن الموضوع الذي سيطر على حديثكما وبدا أنه لا ينتهي، أقترح في المرة القادمة أن تحضرا في الصباح". استحسنت الفكرة وحاسبنا وخرجنا أخيراً.

في الطريق إلى البيت كانت نرجس هي المسؤولة عن توصيلي كل مرة تنوي فيها أن ترمي همومها على أذنيّ هذه حجتها، لكن

الواقع يقول إنها لا تثق في مهارتي بالسواقة. وبصراحة لا ألومها. وعندما كنت أختار أغنية من أغاني عبد الكريم نرتاح فيها من حماس النقاش، فوجئت بسؤال غريب من نرجس! أمل، ما عكس الحب؟ أجبت بتردد: "همممم الكره؟!" وبعدها مباشرة جاءني السؤال الثاني: "وما عكس العطاء؟" تردد مستمر صاحب صوتي مع الجواب، "المنع؟!" تُكمل نرجس، "جيّد، وعكس الفقر؟" أجبت وأنا أضحك، "الغنى، يا نرجس "اشفيج؟! والا من عاب استعاب؟ تأثير محمد واضح عليج تقطين الأسئلة بالثلاثة!"

ردت نرجس لا يا أمل، لكني أحاول أن أوضّح لك فكرة نبّهني إليها محمد أو أهله الذين يعلمونه! وهي أن الأصل في الحياة هو الوفرة، فرب العالمين -سبحانه وتعالى- بكرمه وفّر كل شيء من الأمور المادية إلى

المعنوية، لكن الإنسان هو الذي يمنع لأنه شحيح بخيل، فقلة عطائه تسبب هذا التضاد، فهمتِ؟

أمل: لا والله، لم أفهم!

نرجس: الفقر هو ليس عكس الغنى، هو قلة الغنى، الجوع ليس عكس الشبع، هو قلة الشبع، الأبيض ليس عكس الأسود، هو قلة الأسود، وطبعًا قلة الحب تسبب الكره، وقلة العطاء تسبب الشّح، فالأساس هو الوفرة وقلة العطاء لهذه الوفرة يسبب النقص فتظهر عندنا الصورة المعكوسة للشيء.

ففي الأساس لا يوجد ظلام! إنما هو قلة النور ولا يوجد موت، بل قلة الحياة.

أمل: "أوكي، أوكي، أوكي، بدت توضح الصورة! بالله عليك ارحميني من فلسفتك وفلسفة هذا الطفل "أبو ست سنوات وكلام

شـيّاب"، ونصيحتـي لـك أن تتواصـلي مـع أهلـه وأن تطلبـي منهـم أن يرحمـوه مـن هـذه التعقيـدات، أنـت معلمتـه وتخافـين مـن أسـئلته، كيـف سـيتعامل معـه غـدًا أصدقـاؤه وزمـلاؤه؟ "تـرى حتـى الـذكاء الزايـد مـب شي، يـا زينّـا احنـا القطيـع، مـا شـين مـع العـوام ومرتاحـين!"

نرجـس: "اقتراحـك جيـد، مـن الـضروري أن أتواصـل مـع أهلـه وأسـتفسر منهـم عـن نظامهـم التعليمـي مـع أطفالهـم في البيـت إذا -مـا شـاء الله- محمـد هكـذا كيـف هـم إخوتـه؟! وبعـد أن أفهـم منهـم سـأحاول إقنـاع الإدارة بتعميـم النظـام عندنـا، فبـدلًا مـن أن يكـون محمـد مـع القطيـع، "أقلـب القطيـع كلـه يصـير كل واحـد راعـي!"

أمـا بالنسـبة لـك يـا أمـل، فلـن أناقشـك لأني أعـرف أنـك لسـت مقتنعـة بالـكلام الـذي قلتـه

عـن القطيـع، "بـس خـلاص تبـين تنامـين".

وصلـت إلى البيـت، وشـكرت نرجـس عـلى الرفقـة والتوصيلـة والرياضـة الذهنيـة المرهقـة! وعندمـا اسـتعددت للنـوم بـدأ كل الـكلام يدور في رأسي، هـل نـترك القطيـع عـلى مـا هـو عليـه يرعـى بسـعادة! وإلا "نصحّـي الجميـع والـلي يصـير يصـير؟"

يـا تـرى كـم خطـأ شـاهدناه وتجاهلنـاه لـكي نريـح رؤوسـنا؟ يـا تـرى كـم ظلمـة مررنـا فيهـا وتحملنـا حتـى لا ندفـع فاتـورة النـور؟ كـم فكـرة غـير عـن المعتـاد كانـت تراودنـا لكـن طمسـناها؛ حتـى يتقبلنـا الآخـرون ولا نكـون شـاذّين عـن المجموعـة؟ فعـلاً الوفـرة هـي الأصـل والأسـاس في الحيـاة، كـم واحـد مقتنـع فيهـا، ويكفـي عـراك الأسـود وصراعهـا بمثـل يؤكّـد أن البقـاء للأقـوى!

لا، البقـاء للأكـثر مرونـة عقليـة وتأقلـم وثقـة

بأنه لا حول ولا قوة إلا بالله، مهما كبرت يا ابن آدم، فمن تراب على تراب إلى تراب.

فلنتدّبر، والأمر كله لله.

إيش رأيك؟

التعليم المنزلي، ٤/٤

استيقظت في الصباح مرهقة، كان تفكيري في صراع طوال الليل، شعرت وكأني سمكة نائمة وعيناها مفتوحتان، لكن لأني بشر كنت نائمة وعقل "يحوس" يفكّر.

تذكرت صديقاتي اللاتي يتّبعن نظام التعليم المنزلي لأطفالهن، أعرف ثلاثًا منهن! ما شاء الله لدى أطفالهن من الأدب والعلم والثقافة ما يجعلني أفضِّل الجلوس معهم على الجلوس مع أشخاص في عمري! فعلاً العمر مجرد رقم، لا هو مقياس للخبرة ولا الثقافة ولا حتى الأدب.

ثلاثتهن يشكين من أنه يصعب على أطفالهن أن يتأقلموا في المجتمع، والأصعب أن يحصلوا على أصحاب يفهمونهم، فهل الضريبة تساوي الربح؟ الخيار لهم؟ هل

فعلاً الخيار للأهل ليقرروا؟ يصعب على الأطفال في سن الطفولة أن يفهموا الأفضل لهم! وإذا قرّر الأهل أن يسيروا في خط غير المتعارف عليه، فهل من حق المجتمع أن يحكم على أطفالهم؟ أو هل من حق وزارة التعليم أن ترفض تسجيلهم كمتعلمين؟ وهل فعلاً سيُقبلون في وظيفة حكومية لو أرادوا؟ وإلا يُحكم عليهم أن يكملوا مشوارهم "بروحهم" وحدهم؟

في وسط أفكاري اتصلت نرجس تقول لي: "باركي لي! فرحت لها وباركت من كل قلبي، بعدها قلت: "ها، بشري؟ حامل بتوءم؟" قالت: "لا، استقلت! وأشعر بالحماس لأني أفكّر أن أدخل مجال التعلُّم بدل التعليم مرة ثانية!"

صُدمت من الخطوة الجريئة والعجولة مرة واحدة! سألتها: "ليش؟ إيش صار؟!"

ردَّت علّي: "حمودي حبيبي الطفل المجتهد! سألني اليوم إن كانت غرفتي في الدور الأول أو الثاني من الفيلا!" وبعد أن أجبته واستغربت من السؤال قال لي:

"معظم الطلبة غرفهم في الدور الأول، أو يسكنون في شقة في أدوار عالية، ففكرت وأخرجت حصالتي وجمعت تبرعات من أهلي ومن زملائي، وأخذتها لمعلمة التربية الإسلامية؛ لأنها عرضت علينا "بيت الله" في حصة التربية الإسلامية وكان بيت الله -سبحانه وتعالى- أصغر من بيوتنا كلنا، قلت لها هل يدخلنا الله الجنة إذا تبرعنا لبيته؟!"

بكل براءة الدنيا قال لها: "اشلون بيوتنا أكبر من بيت الله؟"

اقشعرّ جسمي كله "وقام شعر جنبي من كلامه". والأدهى والأمرّ ردة فعل معلمة

التربيــة الإســلامية التــي صرخــت في وجهــه وطردتــه، وهــي تقــول لــه: "هــاي آخــرة الــلي مفكــر بيشــتري كل شي بفلوســه!"

طفــل بــريء لم يفهــم معنــى الاســتعارة في تســمية الكعبــة المشرفــة بيــت الله، أنحاســبه عــلى بــراءة الطفولــة أو عــلى نواياه الحســنة؟ أو نخوّفــه مــن أيّ محاولــة للخــير والتــبرع والإقــدام عــلى فعــل مؤثــر! والله يــا أمــل، عندما رأيتــه يبــكي بســب ردة فعــل معلمــة التربيــة الإســلامية تأكــدت أن نظــام التعليــم التلقينــي لا يناســبني، ولا يناســب أطفــال الجيــل الواعــي الجديــد، جيــل الآيبــاد والإنترنــت وغوغــل! جيــل يتكلــم أقــل شيء لغتــين ويناقــش في كل الأمــور. هــل يُعقــل أن أظــلّ أحشــو عقلــه بمعلومــات لا تواكــب زمنــه ولا تفيــده لمجــرد ورقــة تثبــت أنــه متعلــم، وربمــا لا يكــون احتفــظ بــشيء مــن تلــك المعلومــات؟!

أيّدتهـا في موقفهـا دون التفكـير في تبعـات خطوتهـا الجريئـة. العلـم في الصغـر كالنقـش عـلى الحجـر، مـن الخطـأ تضييـع مسـاحات عقـل الطفـل وخيالـه بعلـوم باليـة انتهـت مـدة صلاحيتهـا.

متـى آخـر مـرة تحدثـت إلى طفـل وسـمعت كلامـه؟ واكتشـفت عمـق خيالـه وغرابـة أفـكاره؟، هـل يمكـن إعـداد الجيـل الجديـد إعـدادًا سـليمًا قبـل أن يصبـح "الجيـل الفلتـان، الـلي علـم نفسـه بنفسـه عـلى النـت". والله المسـتعان عـلى مـا قـد يجـدّ إذا لم يجـد التوجيـه السـليم.

مجرد خواطر ومواقف تستحق التأمل.

وهلّ هلالُه من جديد

عجبني في الخاطرة: ....

- ....
- ....
- ....

رأيي المختلف: ....

- ....
- ....
- ....
- ....
- ....
- ....
- ....
- ....

مقترحات بسيطة وعملية: ....

- ....
- ....
- ....
- ....

هل الحريات حقيقة؟

عجبني في الخاطرة:

-
-
-

رأيي المختلف:

-
-
-
-
-
-
-
-

مقترحات بسيطة وعملية:

-
-
-
-

أولويات، ٥/١

عجبني في الخاطرة: ....

- ....
- ....
- ....

رأيي المختلف: ....

- ....
- ....
- ....
- ....
- ....
- ....
- ....
- ....

مقترحات بسيطة وعملية: ....

- ....
- ....
- ....
- ....

التخطيط شيء والواقع شيء آخر، ٢/٥

عجبني في الخاطرة:

-
-
-

رأيي المختلف:

-
-
-
-
-
-
-
-

مقترحات بسيطة وعملية:

-
-
-
-

ردود أفعال، ٣/٥

عجبني في الخاطرة: ....

- ....
- ....
- ....

رأيي المختلف: ....

- ....
- ....
- ....
- ....
- ....
- ....
- ....
- ....

مقترحات بسيطة وعملية: ....

- ....
- ....
- ....
- ....

تأثيرات الصدمة، ٥/٤

عجبني في الخاطرة:

-
-
-

رأيي المختلف:

-
-
-
-
-
-
-
-

مقترحات بسيطة وعملية:

-
-
-
-

سرعة التكيّف والتأقلم، ٥/٥

عجبني في الخاطرة: ....

- ....
- ....
- ....

رأيي المختلف: ....

- ....
- ....
- ....
- ....
- ....
- ....
- ....
- ....

مقترحات بسيطة وعملية: ....

- ....
- ....
- ....
- ....

استفتِ قلبك

عجبني في الخاطرة: ....

- ....
- ....
- ....

رأيي المختلف: ....

- ....
- ....
- ....
- ....
- ....
- ....
- ....
- ....

مقترحات بسيطة وعملية: ....

- ....
- ....
- ....
- ....

مبادئ أو تخلُّف في انتهاز الفرص!

عجبني في الخاطرة:

-
-
-

رأيي المختلف:

-
-
-
-
-
-
-
-

مقترحات بسيطة وعملية:

-
-
-
-

ضعيف، لكن في قمة الغرور

عجبني في الخاطرة:

-
-
-

رأيي المختلف:

-
-
-
-
-
-
-
-

مقترحات بسيطة وعملية:

-
-
-
-

عطّار ابن عطّار

عجبني في الخاطرة: ....

- ....
- ....
- ....

رأيي المختلف: ....

- ....
- ....
- ....
- ....
- ....
- ....
- ....
- ....

مقترحات بسيطة وعملية: ....

- ....
- ....
- ....
- ....

الرضا والتذمُّر

عجبني في الخاطرة: ....

- ....
- ....
- ....

رأيي المختلف: ....

- ....
- ....
- ....
- ....
- ....
- ....
- ....
- ....

مقترحات بسيطة وعملية: ....

- ....
- ....
- ....
- ....

قَصّة شعر على الموضة

عجبني في الخاطرة:

•

•

•

رأيي المختلف:

•

•

•

•

•

•

•

•

مقترحات بسيطة وعملية:

•

•

•

•

متى أبدأ؟

عجبني في الخاطرة: ....

- ....
- ....
- ....

رأيي المختلف: ....

- ....
- ....
- ....
- ....
- ....
- ....
- ....
- ....

مقترحات بسيطة وعملية: ....

- ....
- ....
- ....
- ....

شفقة أم تعاطف!

عجبني في الخاطرة: ....

• ....

• ....

• ....

رأيي المختلف: ....

• ....

• ....

• ....

• ....

• ....

• ....

• ....

• ....

مقترحات بسيطة وعملية: ....

• ....

• ....

• ....

• ....

حياة هوليوودية

عجبني في الخاطرة: ....

- ....
- ....
- ....

رأيي المختلف: ....

- ....
- ....
- ....
- ....
- ....
- ....
- ....
- ....

مقترحات بسيطة وعملية: ....

- ....
- ....
- ....
- ....

ما ألذّ العافية!

عجبني في الخاطرة:

-
-
-

رأيي المختلف:

-
-
-
-
-
-
-
-

مقترحات بسيطة وعملية:

-
-
-
-

تحية للملاعب، ولكل لاعب

عجبني في الخاطرة: ....

- ....
- ....
- ....

رأيي المختلف: ....

- ....
- ....
- ....
- ....
- ....
- ....
- ....
- ....

مقترحات بسيطة وعملية: ....

- ....
- ....
- ....
- ....

كل شيء في وقته حلو

عجبني في الخاطرة: ....

- ....
- ....
- ....

رأيي المختلف: ....

- ....
- ....
- ....
- ....
- ....
- ....
- ....
- ....

مقترحات بسيطة وعملية: ....

- ....
- ....
- ....
- ....

بطاقات قرآنية

عجبني في الخاطرة: ....

• ....

• ....

• ....

رأيي المختلف: ....

• ....

• ....

• ....

• ....

• ....

• ....

• ....

• ....

مقترحات بسيطة وعملية: ....

• ....

• ....

• ....

• ....

سميعًا بصيرًا

عجبني في الخاطرة: ....

- ....
- ....
- ....

رأيي المختلف: ....

- ....
- ....
- ....
- ....
- ....
- ....
- ....
- ....

مقترحات بسيطة وعملية: ....

- ....
- ....
- ....
- ....

عندما تكون البضاعة مجانية،
فاعلم أنك أنت البضاعة

عجبني في الخاطرة: ....

- ....
- ....
- ....

رأيي المختلف: ....

- ....
- ....
- ....
- ....
- ....
- ....
- ....
- ....

مقترحات بسيطة وعملية: ....

- ....
- ....
- ....
- ....

أُستهدفت الأسرة، وتحقّق الهدف

عجبني في الخاطرة: ....

- ....
- ....
- ....

رأيي المختلف: ....

- ....
- ....
- ....
- ....
- ....
- ....
- ....
- ....

مقترحات بسيطة وعملية: ....

- ....
- ....
- ....
- ....

هل البخل مرض لدى بعض الأغنياء؟

عجبني في الخاطرة: ....

- ....
- ....
- ....

رأيي المختلف: ....

- ....
- ....
- ....
- ....
- ....
- ....
- ....
- ....

مقترحات بسيطة وعملية: ....

- ....
- ....
- ....
- ....

إلى الراحلين

عجبني في الخاطرة: ....

- ....
- ....
- ....

رأيي المختلف: ....

- ....
- ....
- ....
- ....
- ....
- ....
- ....
- ....

مقترحات بسيطة وعملية: ....

- ....
- ....
- ....
- ....

من أنت؟!

عجبني في الخاطرة:

-
-
-

رأيي المختلف:

-
-
-
-
-
-
-
-

مقترحات بسيطة وعملية:

-
-
-
-

زوال الفرصة وذهاب الخير المقبل

عجبني في الخاطرة:

-
-
-

رأيي المختلف:

-
-
-
-
-
-
-
-

مقترحات بسيطة وعملية:

-
-
-
-

إحقاقًا للحق

عجبني في الخاطرة: ....

- ....
- ....
- ....

رأيي المختلف: ....

- ....
- ....
- ....
- ....
- ....
- ....
- ....
- ....

مقترحات بسيطة وعملية: ....

- ....
- ....
- ....
- ....

بين الذاكرة والآن..

عجبني في الخاطرة: ....

- ....
- ....
- ....

رأيي المختلف: ....

- ....
- ....
- ....
- ....
- ....
- ....
- ....
- ....

مقترحات بسيطة وعملية: ....

- ....
- ....
- ....
- ....

رائحة أمي

عجبني في الخاطرة: ....

- ....
- ....
- ....

رأيي المختلف: ....

- ....
- ....
- ....
- ....
- ....
- ....
- ....
- ....

مقترحات بسيطة وعملية: ....

- ....
- ....
- ....
- ....

أخوات، ولكن

عجبني في الخاطرة:

-
-
-

رأيي المختلف:

-
-
-
-
-
-
-
-

مقترحات بسيطة وعملية:

-
-
-
-

دعوة لمسؤولية مجتمعية

عجبني في الخاطرة: ....

- ....
- ....
- ....

رأيي المختلف: ....

- ....
- ....
- ....
- ....
- ....
- ....
- ....
- ....

مقترحات بسيطة وعملية: ....

- ....
- ....
- ....
- ....

في رياض الأطفال، ٤/١

عجبني في الخاطرة: ....

- ....
- ....
- ....

رأيي المختلف: ....

- ....
- ....
- ....
- ....
- ....
- ....
- ....
- ....

مقترحات بسيطة وعملية: ....

- ....
- ....
- ....
- ....

تأثير الكلمات، ٤/٢

عجبني في الخاطرة: ....

- ....
- ....
- ....

رأيي المختلف: ....

- ....
- ....
- ....
- ....
- ....
- ....
- ....
- ....

مقترحات بسيطة وعملية: ....

- ....
- ....
- ....
- ....

الوفرة هي أساس الوجود، ٤/٣

عجبني في الخاطرة: ....

- ....
- ....
- ....

رأيي المختلف: ....

- ....
- ....
- ....
- ....
- ....
- ....
- ....
- ....

مقترحات بسيطة وعملية: ....

- ....
- ....
- ....
- ....

التعليم المنزلي، ٤/٤

عجبني في الخاطرة:

-
-
-

رأيي المختلف:

-
-
-
-
-
-
-
-

مقترحات بسيطة وعملية:

-
-
-
-